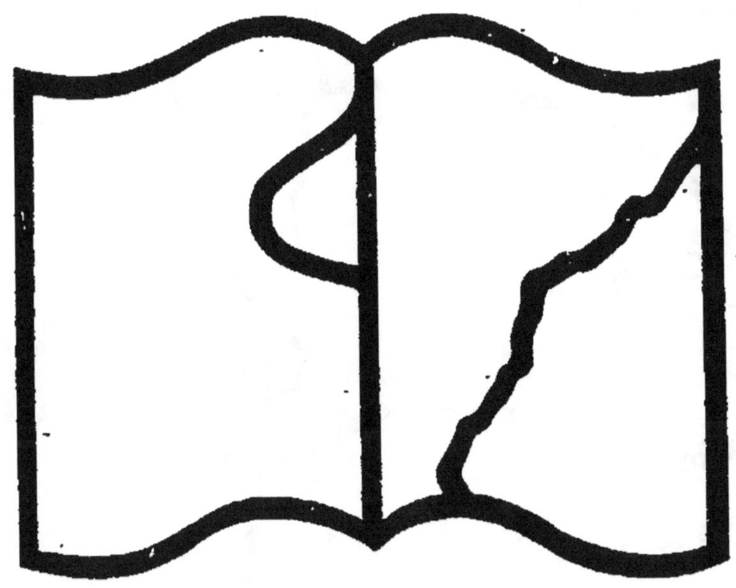

Texte détérioré — reliure défectueuse

NF Z 43-120-11

VALABLE POUR TOUT OU PARTIE DU
DOCUMENT REPRODUIT

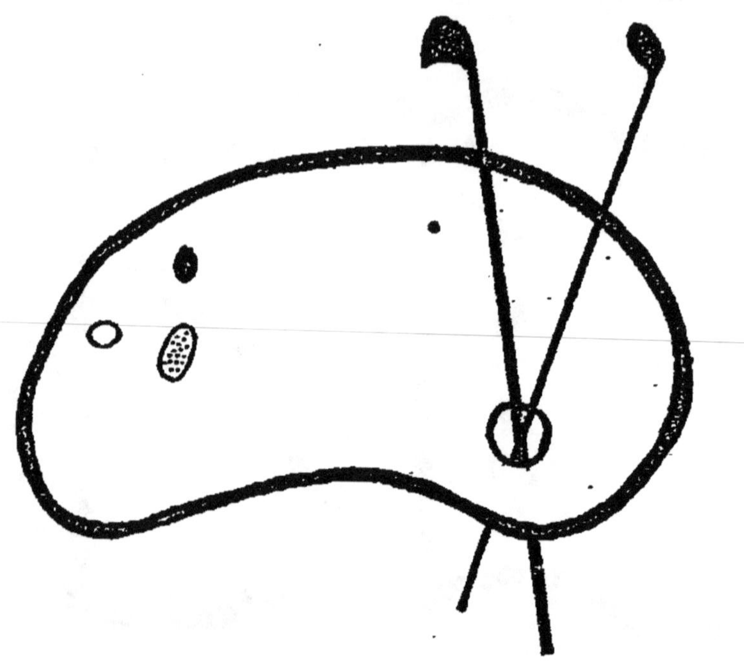

DEBUT D'UNE SERIE DE DOCUMENTS
EN COULEUR

SCIENCE ET RELIGION
Études pour le temps présent

231

La Mortification Chrétienne

ET LA VIE

PAR

l'Abbé A. CHABOT

Vicaire général de Luçon
Supérieur de l'Institution Richelieu

PARIS

LIBRAIRIE BLOUD & Cie

4, RUE MADAME ET RUE DE RENNES 59

1903

SCIENCE ET RELIGION

Études pour le temps présent. — Prix : 0 fr. 60 le vol.

— Certitudes scientifiques et certitudes philosophiques, par le R. P. DE LA BARRE, S. J., prof. à l'Institut catholique de Paris.   1 vol.
— *Du même auteur* : L'Ordre de la nature et le Miracle.   1 vol
— L'Ame de l'homme, par J. GUIBERT, supérieur du séminaire d l'Institut catholique de Paris.   1 vo
— Faut-il une religion ? par l'abbé GUYOT.   1 vol
— *Du même auteur* : Pourquoi y a-t-il des hommes qui ne professent aucune religion ?   1 vol.
— Nécessité scientifique de l'existence de Dieu, par P. COURBET.   1 vol.
— *Du même auteur* : Jésus-Christ est Dieu.   1 vol.
    id.   Convenance scientifique de l'Incarna-tion.   1 vol.
— Études sur la pluralité des mondes habités et le dogme de l'Incarnation, par le R. P. ORTOLAN.
  I. — *L'Epanouissement de la vie organique à travers les plaines de l'infini.*   1 vol.
  II. — *Soleils et terres célestes.*   1 vol.
  III. — *Les Humanités astrales et l'Incarnation.*   1 vol.
— *Du même auteur* : La Fausse Science contemporaine et les Mystères d'Outre-tombe.   1 vol.
    id.   Vie et Matière ou Matérialisme et spiritua-lisme en présence de la Cristallc génie.   1 vol
    id.   Matérialistes et Musiciens.   1 vo
— L'Au delà ou la Vie future d'après la foi et la science, p. l'abbé J. LAXENAIRE.   1 vol.
— Le Mystère de l'Eucharistie. — Aperçu scientifique, par l'abbé CONSTANT.   1 vol.
— *Du même auteur* : Le Mal, sa nature, son origine, sa répa-ration.   1 vol.
— L'Eglise catholique et les Protestants, par G. ROMAI   1 vol.
— *Du même auteur* : L'Inquisition, son rôle religieux, politique et social.   1 vol.
— Mahomet et son œuvre, par I. L. GONDAL, professeur d'apolo-gétique et d'histoire au séminaire Saint-Sulpice.   1 vol.
— *Du même auteur* : L'Eglise Russe.   1 vol.
— Christianisme et Bouddhisme (*Etudes orientales*), par l'abbé THOMAS, vicaire général de Verdun.   2 vol
— *Du même auteur* : Dieu auteur de la vie.   1 vol
    id.   La Fin du monde d'après la Foi.   1 vol
— Où en est l'hypnotisme, son histoire, sa nature et ses dangers, par A. JEANNIARD DU DOT, auteur du *Spiritisme dévoilé*.   1 vol.
— *Du même auteur* : Où en est le Spiritisme.   1 vol.
    id.   L'Hypnotisme et la science catholique.   1 vol.
    id.   L'Hypnotisme transcendant en face de la philosophie chrétienne.   1 vol.

— **L'Apologétique historique au XIXe siècle. L**... **irréligieuse de Renan, etc.**, par l'abbé Ch. Denis.

— **Nature et Histoire de la liberté de conscience,** Canet.

— **L'Animal raisonnable et l'Animal tout court, pa**... Kirwan.

— **La Conception catholique de l'Enfer,** par l'abbé Brémond...

— **L'Attitude du catholique devant la Science,** par G. Segrive.

— *Du même auteur :* **Le Catholicisme et la Religion** l'Esprit. 1

— **Du Doute à la Foi,** par le R. P. Tournebize, S. J. 1

— *Du même auteur :* **Opinions du jour sur les peines d'outr**... tombe. 1 vo...

— **La Synagogue moderne,** sa doctrine et son culte, par A. F... Saubin. 1 vol.

— *Du même auteur :* **Le Talmud et la Synagogue moderne.** 1 vol.

— **Evolution et Immutabilité de la doctrine religieuse dans** l'Eglise, par M. Prunier, supérieur de grand séminaire. 1 vol.

— **La Religion spirite,** son dogme, sa morale et ses pratiques, par I. Bertrand. 1 vol.

— *Du même auteur :* **L'Occultisme ancien et moderne.** 1 vol.

— **L'Hypnotisme franc et l'Hypnotisme vrai,** par le Docteur Hélot. 1 vol.

— **L'Eglise et le Travail manuel,** par l'abbé Sabatier. 1 vol.

— **Unité de l'espèce humaine,** *prouvée par la similarité des conceptions et des créations de l'homme,* p. le marquis de Nadaillac. 1 vol.

— *Du même auteur :* **L'Homme et le Singe.** 2 vol.

— **Le Socialisme contemporain et la Propriété,** par M. G. Ardant. 1 vol.

— **Pourquoi le Roman à la mode est-il immoral et pourquoi le Roman moral n'est-il pas à la mode ?** p. G. d'Azambuja. 1 vol.

— **Comment se sont formés les Evangiles ?** par le P. Th. Calmes, professeur au grand séminaire de Rouen. 1 vol.

— **L'Impôt et les Théologiens,** *Etude philosophique, morale et économique,* par le comte de Vorges, ancien ministre plénipotentiaire, membre de l'Académie de Saint-Thomas, etc., etc. 1 vol.

— *Du même auteur :* **Les Ressorts de la Volonté et le libre** arbitre. 1 vol.

— **Nécessité mathématique de l'existence de Dieu.** *Explications. — Opinions, Démonstrations,* par René de Cléré. 1 vol.

— **Saint Thomas et la Question juive,** par Simon Deploige, professeur de l'Université Catholique de Louvain. 1 vol.

— **Premiers principes de Sociologie Catholique,** par l'abbé Naudet. 1 vol.

— **La Patrie.** — *Aperçu philosophique et historique,* par J. M. Villefranche. 1 vol.

— **Le Déluge de Noé et les races Prédiluviennes,** par C. de Kirwan. 2 vol

— **La Saint-Barthélemy,** par Henri Hello. 1 vol.

— **L'Esprit et la Chair.** *Philosophie des macérations,* par Henri Lasserre, auteur de *Notre-Dame de Lourdes,* etc., etc. 1 vol.

...ler d'Archimède ou la Mécanique céleste et le Cé-
...icien, par le R. P. Ortolan. 2 vol.
...e le Christianisme a fait pour la femme, par G. d'Azam-
1 vol.
...ypnotisme et la Stigmatisation, par le Dr Imbert-Gour-
1 vol.
...Éducation chrétienne de la Démocratie, *essai d'apologétique*
..., par Ch. Calippe. 1 vol.
...La Religion catholique peut-elle être une science ? par l'abbé
Rémont. 1 vol.
— *Du même auteur :* Que l'Orgueil de l'Esprit est le grand écueil
de la Foi, *Théodore Jouffroy, Lamennais, Ernest Renan.* 1 vol.
— La Révélation devant la Raison, par F. Verdier, supérieur de
grand Séminaire. 1 vol.
— Confréries musulmanes. — *Histoire, Discipline, Hiérarchie,* par
le R. P. Petit. 1 vol.
— Pratique de la Liberté de conscience dans nos Sociétés
contemporaines, par l'abbé Canet. 1 vol.
— Comment peut finir l'Univers, d'après la science, par C. de
Kirwan. 1 vol.
— Les Théories modernes de la Criminalité, par le Docteur
Delassus. 1 vol.
— Faillite du Matérialisme, par Pierre Courbet, 3 vol. *se vendant*
séparément :
I. — *Historique.* 1 vol.
II. — *Discussion ; l'atome et le mouvement.* 1 vol.
III. — *Discussion ; l'éther, les gaz, l'attraction. Conclusion.* — *Appen-*
dice. 1 vol.
— Le Globe terrestre, par A. de Lapparent, Membre de l'Institut,
professeur à l'Ecole libre des Hautes Etudes, 3 vol. *se vendant sépa-*
rément.
I. — *La Formation de l'écorce terrestre.* 1 vol.
II. — *La nature des mouvements de l'écorce terrestre.* 1 vol.
III. — *La Destinée de la terre ferme et la Durée des temps.* 1 vol.
— De la Connaissance du Beau, *sa définition, application de cette*
définition aux beautés de la nature, par l'abbé Gaborit, archiprêtre de
la Cathédrale de Nantes. 1 vol.
— Le Diable dans l'Hypnotisme, par le docteur Ch. Hélot. 1 vol.
— De la Prospérité comparée des nations protestantes et des
nations catholiques, *au point de vue économique, moral, social,* par
le R. P. Flamérion, S. J. 1 vol.
— L'Art et la Morale, par le P. Sertillanges, dominicain, docteur
en théologie. 1 vol.
— La Sorcellerie, par I. Bertrand. 1 vol.
— Qu'est-ce que l'Ecriture sainte ? *Les Livres inspirés dans l'an-*
tiquité chrétienne : Théorie de l'inspiration, p. le P. Th. Calmes. 1 vol.
— Les Morts reviennent-ils ? par I. Bertrand. 1 vol.

(Demander la liste **complète** *des volumes* **Science et Religion**
parus à ce jour).

Saint-Amand (Cher). — Imprimerie Bussière.

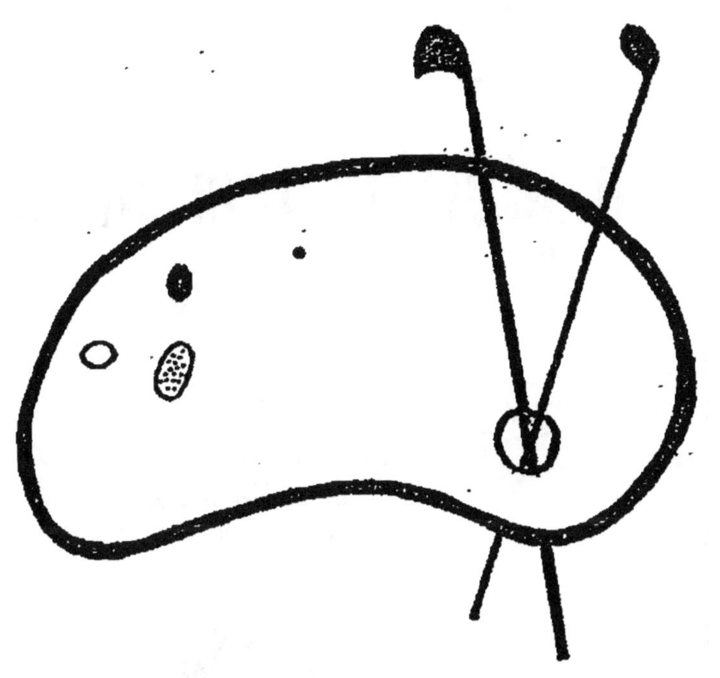

FIN D'UNE SERIE DE DOCUMENTS
EN COULEUR

SCIENCE ET RELIGION
Études pour le temps présent

La Mortification Chrétienne

ET LA VIE

PAR

l'Abbé A. CHABOT

Vicaire général de Luçon
Supérieur de l'Institution Richelieu

PARIS

LIBRAIRIE BLOUD & Cie

4, RUE MADAME ET RUE DE RENNES, 59

—

1903

Tous droits réservés.

MORTIFICATION ET VIE

La vie est le don excellent du Créateur à la créature. Et de ce don Dieu comble la mesure dans le chrétien, puisqu'avec la vie qui est naturelle à l'homme il lui donne, en surplus, une vie surnaturelle.

C'est une diffusion de vie qui caractérise l'œuvre du « Christ », venu ici-bas pour que nous ayons la Vie, pour que nous l'ayons avec abondance (1) ». N'a-t-il pas dit de lui-même : « Je suis la Vie (2) » ? N'a-t-il pas pressé les hommes « de venir à lui pour avoir la Vie (3) », une vie mystérieuse dont il n'a cessé de faire resplendir, aux yeux de l'humanité sauvée, la radieuse espérance ?

Aussi le christianisme se présente-t-il au monde comme ayant en soi, par l'action toujours efficace de son divin fondateur, la vertu de communiquer une vie supérieure, et de conduire les hommes en ce royaume céleste où leur sera assurée la jouissance de « la vie éternelle ». Et puisqu'il fait entrevoir un idéal de vie, puisqu'il soulève vers la vie, vers la plénitude de vie, les plus ardentes aspirations de l'humanité, il est donc la religion de la Vie.

Mais comment se fait-il que la morale chrétienne, dans laquelle il semble que l'élan vers la vie soit la

(1) Joan., x, 10.
(2) Joan., xiv, 6.
(3) Joan., iii, 36 ; v, 40 ; x, 28, etc.

grande loi impulsive et directrice, et comme l'axe d'où dépendent les autres lois, proclame aussi, en termes singulièrement énergiques, une loi de mort?

Vivre, c'est s'affirmer : or Jésus-Christ veut qu'on se renonce soi-même (1). Vivre, c'est protéger en soi et faire progresser la vie : or, Jésus-Christ déclare qu'à vouloir sauver sa vie, on la perd (2); que nul ne peut être son disciple qu'à la condition étrange de haïr non seulement son père, sa mère, ses frères et sœurs, mais son âme même (3), c'est-à-dire sa vie, qu'à sa suite enfin il faut porter la croix (4). Et cette doctrine apparaît en grand relief dans le langage remarquablement expressif de saint Paul, disant par exemple aux chrétiens qu'il faut être mort aux choses de ce monde (5), fixé à la croix avec Jésus-Christ (6), et comme enseveli avec lui dans une mort mystique (7).

Cette loi de la mortification est-elle véritablement, au sens que paraît indiquer l'expression, une loi de mort, portée contre nos énergies vitales? Dans les milieux mondains, et en certaines écoles philosophiques, a-t-on raison de regarder les chrétiens comme des hommes sacrifiés, « destinés à la mort (8) », je veux dire obligés par profession de comprimer, d'étouffer en eux les élans de vie? La doctrine de la mortification ne justifierait-elle pas l'effroi de ceux qui trouvent à notre religion un aspect austère, et se la représentent en quelque sorte avec un visage émacié, déformé pour ainsi dire par la violence faite à la nature? Comment se fait-il enfin qu'à nous, chrétiens, qui avons ordre de marcher vers

(1) Math., xvi, 24.
(2) Marc, xiii, 35 ; Luc, ix, 24 ; Joan., xii, 25.
(3) Luc, xiv, 26.
(4) Luc, ix, 23 ; xiv, 27.
(5) Col., iii, 3.
(6) Rom., vi, 6 ; Gal., ii, 19.
(7) Rom., vi, 4.
(8) 1 Cor., iv, 9.

la vie, il soit commandé de chercher à mourir ? et qu'aspirant à vivre avec tous les élans de la nature et de la grâce, nous soyons obligés de faire œuvre de mort ?

Loi de vie, loi de mort : le christianisme est-il contradictoire avec lui-même ?

La contradiction n'est qu'apparente. Très certainement, la loi de la mortification fait partie de la morale surnaturelle ; elle y est même de capitale importance. Mais sous les formules qui lui donnent l'apparence d'une loi de mort, elle est dans la réalité une loi de vie. Car ce qu'elle nous commande de faire mourir, ce sont les éléments de mort répandus en notre nature viciée. Ainsi que dans le « duel étrange » que soutint le Sauveur en ce drame sanglant du Calvaire, la mort et la vie luttent en nous ; et la loi de mort, si on désigne ainsi la mortification, est portée contre la mort elle-même, en vue du triomphe de la vie.

Une étude attentive nous fera reconnaître sans peine la parfaite concordance des enseignements de Jésus-Christ. Nous verrons que s'il fait de la mort mystique une des prescriptions essentielles de sa divine morale, c'est dans l'intérêt de la vie, et que le Maître en mérite d'autant mieux ces beaux titres qu'il s'est lui-même donnés : Je suis la Résurrection et la Vie (1).

(1) Dans l'idée chrétienne, la mortification peut être envisagée soit au point de vue de la réparation, comme moyen d'expier les fautes commises, soit au point de vue de la préservation, comme moyen d'éviter le péché et de conserver la vie surnaturelle. C'est en ce deuxième sens seulement qu'elle est considérée dans la présente étude apologétique.

LA MORTIFICATION CHRÉTIENNE

ET LA VIE

CHAPITRE PREMIER

LA MORTIFICATION LOI DE VIE

I. La lutte pour la vie surnaturelle. — II. Les deux forces adverses dans le chrétien. — III. Rôle de la mortification. — IV. La mortification est une loi de vie.

I

Si l'on étudie les êtres vivants dont ce monde possède une si riche et si admirable variété, et si l'on observe les conditions dans lesquelles ils vivent, se conservent, progressent, se propagent, on voit de toutes les manifestations de la vie se dégager un fait, tellement général qu'il a le caractère d'une loi universelle. Ce fait, le voici : les vivants n'habitent point un royaume paisible, où chaque être puisse prendre tranquillement sa part à un festin de vie assuré par la nature ; la vie, au contraire, se trouve partout engagée dans une guerre incessante, obligée, d'une part, de se tenir sur la défensive pour résister aux ennemis qui l'attaquent, d'autre part, de prendre l'offensive pour conquérir, au prix d'efforts renouvelés sans cesse, les éléments nécessaires à l'entretien de sa propre activité.

C'est la loi de la concurrence vitale, loi si fortement mise en relief par la science moderne, que la terre, peuplée d'un nombre incalculable de vivants, nous apparaît comme un immense champ de bataille dans lequel, sous la direction des lois d'équilibre portées par une Providence infiniment sage, les êtres se disputent l'existence, les uns ne prospérant qu'au détriment des autres, et la vie ne pouvant triompher que par la mort.

Suivons cette lutte immense en ses épisodes et ses détails, et nous remarquerons qu'elle se poursuit jusqu'à l'intérieur d'un même être vivant. Là, dans ce champ clos qui reste en communication avec l'extérieur, des éléments contraires ne cessent de se livrer bataille. Ceux-ci représentent la vie, ceux-là sont prêts à porter la mort. Il faut que perpétuellement se produisent des destructions et des renouvellements, que le détail meure pour que l'ensemble reste sauf, et que des vies fragmentaires soient immolées au profit de la vie totale, comme des soldats inconnus se font tuer dans la mêlée pour sauver les droits et l'honneur de la patrie.

C'est donc un fait constaté : dans l'ordre de la nature, la vie ne dure que par la lutte et au moyen de la victoire.

Or, il est certain — c'est un point de vue d'une étude très attrayante, mais dont un long exposé serait ici de trop — que la vie surnaturelle, et la vie naturelle qui lui sert de cadre, sont en analogie l'une avec l'autre : les deux vies auraient-elles ce trait de ressemblance d'être assujetties pareillement à la loi de combat ?

Il n'en faut point douter. C'est une loi pour notre vie surnaturelle elle-même de se conserver et de se développer dans la lutte, de repousser par violence l'ennemi envahissant son territoire, et, quand il est nécessaire, de tuer, pour ne point mourir, l'adversaire qui la menace de mort. Mais tandis que les vies inférieures livrent inconsciemment des combats où les pousse une nécessité inéluctable, nous, hommes, nous chrétiens, nous avons à soutenir la bataille, — c'est notre gloire et notre mérite — avec conscience et liberté.

En cette lutte, toutefois, ce n'est pas le plus fort qui doit écraser le plus faible, comme dans les mêlées où des activités aveugles sont aux prises. Par elle-même, la force matérielle ne sert en rien les intérêts de l'âme, lesquels sont d'un autre ordre. Et même il plaît à Dieu d'employer plutôt des instruments en apparence débiles pour réaliser les fins de la vie supérieure, de « choisir ce qui est faible pour confondre ce qui est fort, de se servir de ce qui est ignoré et méprisé, de ce qui semble ne pas être, pour détruire ce qui est puissant (1) ». Au triomphe du bien, non au succès de la force, doit aboutir la lutte d'ordre moral. Que dans le monde physique la prépondérance appartienne au plus puissant, c'est chose inévitable, étant donné la nature amorale des forces en présence ; mais dans un monde où les activités ont une sorte de valeur qui est toute différente, il faut que la première place soit au meilleur. Même quand la force l'écrase, c'est le meilleur, n'en doutons pas, qui, dans la réalité vue d'un point de vue supérieur, triomphe véritablement.

Dans la lutte s'est déroulée, et se déroule encore, la vie présente de l'Eglise, appelée pour cette raison « Eglise militante » ; et de « chaque homme aussi la vie est un combat sur la terre ». A ce point de vue spécial, Jésus-Christ, « prince de la paix », sur le berceau duquel a retenti l'hymne de paix, et qui nous a « laissé sa paix » avant de quitter ce monde, a pu dire pourtant avec non moins de vérité : « Je ne suis point venu apporter la paix, mais le glaive. » Il fut luimême, et il est toujours « signe de contradiction et

(1) I Cor. I, 28.

pierre de scandale » ; et partout et toujours la lutte
reste engagée à son sujet. « Le royaume des cieux
souffre violence » ; on n'y peut entrer qu'en vainqueur ;
« nul n'y sera couronné s'il n'a légitimement combattu »,
Il est donc nécessaire que chacun de nous « combatte
le bon combat de la foi », « revêtu de l'armure divine,
ceint de la vérité, protégé par la cuirasse de la justice,
portant le bouclier de la foi, couvert du casque de
salut, tenant le glaive de l'esprit, c'est-à-dire la divine
parole ».

Ainsi parlent les Écritures. Et, de même que dans
le monde matériel la bataille, avec les destructions et
les triomphes qui en sont les conséquences, se poursuit
jusqu'à l'intérieur de chaque être vivant, ainsi la lutte
pour la vie surnaturelle se livre pareillement au-dedans
de nous-mêmes. C'est cette lutte intime qui intéresse
surtout notre salut individuel, et c'est celle que l'on désigne quand on parle de mortification.

II

Deux forces adverses se trouvent en présence au plus
profond de notre être, où pour elles les rencontres sont
inévitables, les corps à corps incessants : lutte difficile et
angoissante, car la force qui travaille à notre perte fait,
comme l'autre, partie intime de nous-mêmes. Et il y a
donc, en quelque manière, deux hommes en nous, ennemis irréconciliables aux aspirations opposées : ici, « le
vieil homme corrompu, avec « les désirs de l'erreur » ; là,
l'homme nouveau, créé selon Dieu dans la justice et la
véritable sainteté ».

On sait en quel énergique langage saint Paul a décrit
le désaccord de ces deux parties du chrétien :

« Je sais que le bien n'habite pas en moi, c'est-à-dire
en ma chair. Désirer le bien, je le puis ; l'exécuter, je ne

le puis pas. Car je ne fais pas le bien que je voudrais ; et le mal que je ne veux pas, je le fais. Et si je fais ce que je ne voudrais pas faire, c'est donc que je ne suis pas l'auteur de ces actions, mais le péché qui habite en moi. Alors que j'ai des élans vers le bien, je me sens lié par le mal qui s'est attaché à moi. J'éprouve, quant à la partie intérieure de mon être, de l'attrait pour la loi de l'esprit ; et je vois une autre loi qui, dans mes membres, combat cette loi de l'esprit pour me rendre son esclave, esclave de la loi de péché qui est dans mes membres. Malheureux homme que je suis, qui me délivrera de ce corps de mort ?... Ainsi donc par l'esprit j'obéirai à la loi de Dieu ; par la chair, à la loi du péché. Mais maintenant aucune malédiction n'atteint ceux qui sont dans le Christ Jésus, qui ne vivent pas selon la chair. Car la loi de l'Esprit de vie, de cet Esprit auquel participe quiconque est en Jésus-Christ, m'a délivré de la loi du péché et de la mort. Ceux qui sont selon la chair recherchent ce qui est de la chair ; mais ceux qui sont selon l'Esprit goûtent ce qui est de l'Esprit. Et vous, vous n'êtes pas dans la chair, mais dans l'Esprit, pourvu toutefois que l'Esprit de Dieu habite en vous (1). »

« La chair, dit ailleurs l'apôtre, tout pénétré d'une si importante doctrine, la chair convoite contre l'esprit, et l'esprit contre la chair, car ces deux choses sont ennemies l'une de l'autre (2). » Triompher de la chair par l'esprit, assurer la victoire au principe spirituel et supérieur, voilà où doit tendre l'effort du disciple de Jésus-Christ, et quel est le sommaire de la morale chrétienne.

Si « le Christ habite en nous par la foi », nous animant de son Esprit, nous fortifiant et nous aidant, ralliant du reste à sa cause ce qu'il y a en notre nature de meilleur et de plus élevé, en nous aussi, hélas ! dans la partie inférieure de notre être, l'ennemi de notre vie surnatu-

(1) Rom., VII et VIII.
(2) Gal., v, 17.

relle tient ses positions : l'ennemi, c'est-à-dire le « prince des ténèbres », le « prince de ce monde » ; celui qui « a l'empire de la mort », et qui s'est assuré comme auxiliaire au dehors le siècle corrompu et corrupteur, le monde avec toutes ses séductions.

A nous, qui sommes maîtres de nos actes, de prendre parti pour le Christ. Mettons-nous résolument à sa suite ; allons « au combat qui nous est proposé (1) », traitant nos corps comme « des hosties vivantes, saintes, et agréables à Dieu (2) », c'est-à-dire faisant mourir l'ennemi qui est en nos membres, qui est nous-mêmes en tant que nous sommes « l'homme animal ».

Voilà ce que le Sauveur nous demande quand il nous invite à nous renoncer, à porter la croix, à mourir au péché, selon l'expression familière à saint Paul. C'est quand l'homme de péché, immolé dans notre chair, sera véritablement vaincu et réduit à l'impuissance, que nous « chercherons, que nous goûterons les choses célestes et non plus les choses de la terre (3) ».

Le christianisme affirme donc nettement la nécessité de la mortification. Ne songeons pas à nous y dérober. « Ceux qui sont du Christ ont crucifié leur chair avec ses vices et ses convoitises » ; quiconque est conduit par l'Esprit, quiconque veut vivre en Jésus-Christ doit s'appliquer à soi-même la loi de mort. Mais de cette formule, justement consacrée par le langage de l'Ecriture et des siècles chrétiens, n'ayons aucun effroi : car ce n'est point pour arrêter, mais au contraire pour favoriser l'essor de la vie que l' « auteur même de la vie » a porté cette loi du sacrifice. Ce qu'elle condamne à mourir, en effet, c'est justement ce qui est contraire à la vie, ce qui est principe de mort, et donc la mort elle-même, laquelle un jour « sera définitivement détruite. » Elle

(1) Hebr., xii, 1.
(2) Rom., xii, 1.
(3) Col., iii, 2.

nous est imposée, non point, certes, comme une fin et pour elle-même, mais en vue d'assurer la conservation et le progrès de l'élément divin qui est en nous.

III

Lorsque l'homme a été greffé dans le Christ et mis de la sorte en communication avec la source divine, sa nature ne laisse point passer en elle sans résistance le courant de vie surnaturelle. Dans le rameau greffé, il reste des tendances indociles toujours prêtes à se produire en excroissances inutiles, ou même en tiges aux fruits mauvais : aussi le divin cultivateur prend-il soin, nous dit Jésus-Christ, d'émonder les branches de sa vigne pour qu'elles fructifient davantage. Les poussées du sauvageon luttent contre la sève nouvelle et peuvent, si l'on n'y prend garde, neutraliser dans le rameau l'action divine du cep d'où jaillit la vie éternelle, c'est-à-dire de Jésus-Christ.

Mais c'est une loi commune à tous les vivants qu'en eux le principe supérieur doive soumettre et diriger les vies de degré inférieur, que par exemple dans l'animal les forces physico-chimiques soient gouvernées par les activités physiologiques, et que celles-ci soient au service de la vie sensible : sans cette hiérarchie des forces, l'équilibre est rompu, c'est le désordre, c'est la mort. Et de même est-il nécessaire que dans le chrétien la vie surnaturelle domine en souveraine sur toutes les activités inférieures. Il faut qu'en nous ce qui est mortel, comme dit saint Paul, soit absorbé par la vie : c'est-à-dire, ou bien entraîné dans le courant de vie divine, s'il s'agit d'activités pouvant être utilisées par et pour la vie supérieure ; ou bien détruit et rejeté, si ces éléments sont pernicieux, inconciliables avec le travail divin de la grâce.

Or, s'il est vrai que la vie surnaturelle fait alliance, en principe, avec les vitalités humaines, et les surnaturalise, nous savons aussi qu'il se trouve en nous des éléments, non seulement inutilisables pour la vie chrétienne, mais au contraire entièrement opposés à cette vie et faisant en nous, nécessairement, œuvre de mort. La concupiscence et tout ce qui amène le péché, voilà ce qui met la vie surnaturelle en péril. « Le péché consommé engendre la mort. » « Si vous vivez selon la chair, vous mourrez. » « Qui donc me délivrera de ce corps *de mort?* » Voilà l'ennemi qui peut nous faire périr et qu'avec la grâce de Dieu nous devons exterminer par la mortification, par le sacrifice.

Il y a parfois dans nos luttes, qui l'ignore? des heures terribles, « heures de la puissance des ténèbres, » où peut-être Abraham doit sacrifier Isaac, où il faut que le glaive de notre volonté atteigne les fibres les plus sensibles du cœur. Comme le feu éprouve l'or, la tentation éprouve la vertu. « Bienheureux l'homme qui sait en supporter le choc ; lorsqu'il aura été éprouvé il recevra la couronne de vie. » Dieu, du reste, ne permet pas que nous soyons tentés au-dessus de nos forces, et sa grâce, qui est avec nous, nous assure les énergies suffisantes. N'est-ce pas d'après les victoires remportées en ces crises décisives que se fait la sélection providentielle? Les faibles, les indécis, les non-valeurs y périssent ; les forts en sortent meilleurs, et c'est en eux que triomphe la vie. « A celui qui aura vaincu, il sera donné de manger le fruit de l'arbre de vie au paradis de Dieu. »

Et qu'importe que le combat et le sacrifice soient maintenant douloureux? Le temps n'est pas venu pour nous de savourer la vie. L'essentiel est de lui assurer la victoire. Ajournons à plus tard les félicités parfaites dont elle porte le germe, et sachons présentement nous contenter, s'il le faut, des joies austères qu'elle fait pénétrer dans les âmes par la réalisation discrète et sûre de son œuvre.

Que ceux-là condamnent le sacrifice qui appellent de leurs vœux la prédominance de la chair, et par conséquent la victoire des éléments inférieurs, c'est-à-dire de la mort, rien de moins surprenant ; mais le chrétien éclairé le regarde comme un acte de courageuse et nécessaire défense, comme une condition de la vraie vie. Il est par excellence l'indice de la santé et de la vigueur. Il épure, il dompte, il fortifie : il épure nos vitalités, où pénètrent des éléments malsains qu'il est salutaire d'éliminer ; il dompte ce qui se révolte en nous contre l'ordre, contre le hiérarchique commandement ; il fortifie les nobles puissances de notre être, notre volonté surtout. Divin dans l'autorité qui en a fait une sainte loi de la vie, il l'est donc bien aussi par son admirable fécondité, par les effets qu'il produit en nos âmes, puisque c'est lui qui délivre l'esprit de la captivité des sens et qui, assurant en nous la maîtrise à la vie supérieure, lui permet de réaliser ses fins sublimes. Il immole, mais il fait vivre ; quand on paraît perdre son âme, c'est alors qu'on la trouve ; « plus un homme meurt à lui-même, plus il se met à vivre pour Dieu (1) ».

Telle est la vertu bienfaisante du sacrifice. Et si l'on songe que non seulement il nous préserve du mal présent en faisant triompher en nous la vie surnaturelle, mais que, par sa valeur expiatoire, il nous purifie en même temps des scories anciennes, « achevant ainsi en chacun de nous ce qui manque aux souffrances de Jésus-Christ (2) », on doit reconnaître que l'humanité ne peut tirer d'elle-même rien de plus excellent. C'est sous cette forme que, de la terre, monte vers le ciel ce qu'il y a ici-bas de plus auguste, puisque Dieu a voulu que tout l'hommage de la création fût résumé dans un sacrifice, et que ce sacrifice lui fût offert par son Fils bien-aimé. Aussi les hommes voient dans le sacrifice je

(1) *Imitation*, l. II, xii, 14.
(2) Col., i, 24.

ne sais quelle grandeur surhumaine. La poésie et les arts lui demandent à l'envi les plus sublimes inspirations, le ressort des émotions les plus puissantes. Il remplit les âmes d'admiration, il les soulève par l'enthousiasme. Et il a une telle force de séduction, il apparaît si beau, si divinement attrayant, que toute âme éprise de perfection brûle du désir de s'immoler pour Dieu, pour le bien, pour son idéal.

IV

C'est en raison de cette souveraine importance du sacrifice qu'il lui est donné une si grande place dans l'ascétisme chrétien, lequel n'est pas autre chose, peut-on dire, que l'art de faire régner la vie surnaturelle sur les activités inférieures, et d'armer les âmes, par conséquent, pour les saintes luttes dont cette vie si précieuse est l'enjeu.

Le premier des docteurs en ascétisme, saint Paul, n'a cessé de rappeler la grande loi chrétienne. Il a insisté sur cette essentielle doctrine avec une préoccupation significative, l'affirmant et l'exposant avec les formules les plus énergiques !

Mais comme on voit bien aussi, en suivant de près la pensée de l'apôtre, que la loi de la mortification est, à ses yeux, une forme de la loi de vie, une obligation imposée par la condition et par les intérêts de notre vie surnaturelle ! On ne montre pas le chemin sans faire mention du but ; l'apôtre, de même, parlant de la mort mystique, fait entrevoir la vie. « Vous êtes morts », écrit-il ; mais il ajoute aussitôt : « et votre vie est cachée en Dieu avec Jésus-Christ ». Dans cette même pensée, il dit encore : « Étant morts au péché, vivons à la justice. » Et ailleurs : « Regardez-vous comme morts au péché, mais vivant pour Dieu en Jésus-Christ. » On pourrait citer maint autre passage, où saint Paul déclare très nettement que l'immolation chrétienne conduit à la vie : d'où l'on voit que, loin d'être une fin recommandée pour sa propre valeur, comme en un pessimisme désolant, elle est un moyen de vivre mieux, de vivre plus pleinement.

Cette loi divine est donc manifestement portée en vue des intérêts de la vie ; c'est à la vie que nous allons par le chemin du sacrifice : la lutte spirituelle qui s'impose au chrétien, et les immolations qu'il faut accomplir, et la mort que nous devons opérer en nous, la mortification en un mot, fait réellement œuvre de vie ; elle est vraiment une lutte *pour* la vie.

Il est manifeste qu'en la nature, où les vivants sont dans une lutte perpétuelle, Dieu a tout réglé pour que la lutte profite à la vie. Tel est bien, pour parler de ce qui se passe au-dedans même de chaque être, le résultat d'ensemble de ces combats mystérieux, aperçus de la science seule, qui se livrent sans trève, à l'intérieur des individus, entre le principe de vie et les multiples éléments de mort. Sans cesse occupée à repousser les attaques de ses ennemis, à tuer ce qui pourrait la faire mourir elle-même, la force vitale, par ces destructions nécessaires, se sauve, s'entretient, se renouvelle ; elle vit de ses victoires, jusqu'au jour où, ayant rempli sa destinée propre en ce monde changeant, devenue incapable de vaincre, elle cède la place à d'autres vies plus aptes à la lutte ; et c'est toujours à la vie que reste le triomphe, à la vie dont le Créateur a su préparer la marche victorieuse et assurer la pérennité.

C'est aussi l'ordre voulu de Dieu qu'en chaque vie chrétienne la sève surnaturelle, sortie du tronc divin, fasse une œuvre de victoire, alors qu'elle réprime les poussées de l'ancienne sève empoisonnée. Et voici où tendent ses activités :

Si toute vie développe son énergie suivant une loi directrice qui lui est propre, et en vue de réaliser le type vers lequel elle est ordonnée, la vie surnaturelle, qui est la vie de Jésus-Christ, tend à nous façonner selon sa forme divine, c'est-à-dire selon la ressemblance de Jésus-Christ : car « Dieu nous a prédestinés à devenir conformes à l'image de son Fils ». Or, le type divin ne peut être reproduit en nous qu'après la défaite de ce que saint Paul appelle le vieil homme. Des éléments de mort nous sont transmis par l'héritage d'Adam, « homme terrestre fait d'éléments terrestres » ; il faut effacer l'empreinte de cet homme terrestre, pour porter celle de l'homme céleste. Il faut que notre vieil homme soit crucifié, pour que soit détruit le corps de péché. Voilà où tend l'effort vital dans le vrai chrétien : à dépouiller le vieil homme avec ses tendances mauvaises, mais pour revêtir le nouveau, l' « homme renouvelé conformément à l'image de son Créateur », image profanée, hélas ! et souillée par la désobéissance du premier homme, mais heureusement restaurée par le nouvel Adam.

Quand donc la vie est en nous forte et active, vraiment gouvernée par l'Esprit et secondée en ses desseins par notre coopération, elle écarte tout ce qui est contraire à Jésus-Christ et se nourrit de ce qui est céleste, de même qu'un tempérament sain se débarrasse des éléments nuisibles et s'assimile ceux dont elle peut tirer bon parti. C'est dans la lutte et le sacrifice qu'elle fait ce triage. Après avoir triomphé des passions, nous avons en nous « les sentiments de Jésus-Christ ; portant la mortification de Jésus en notre corps, nous faisons transparaître en ce même corps la vie de Jésus ; nous sommes morts, et nous montrons que nous sommes des vivants ». Ainsi par la mort nous allons à la vie, et notre anéantissement prépare notre divinisation.

Le renoncement, l'humilité, le sacrifice, là est donc le secret de nos grandeurs. Oh ! ce n'est point en nous haussant que nous pourrons atteindre les sommets divins. Ne savons-nous pas qu'au contraire Dieu frappe les superbes et exalte les humbles ? Qui s'élève sera abaissé, et qui s'abaisse sera élevé. Ne faut-il pas que le grain de froment pourrisse dans la terre pour porter beaucoup de fruit ? Jésus-Christ a lui-même suivi cette loi de providence surnaturelle : il a fallu qu'il souffrît pour entrer dans sa gloire ; il est devenu roi du monde pour avoir paru le dernier des hommes, et vainqueur pour avoir été victime. Il s'est anéanti ; il s'est fait obéissant jusqu'à la mort, à la mort de la croix, et c'est pour cela que Dieu l'a exalté et lui a donné un nom qui est au-dessus de tous les noms. Si nous souffrons avec lui, avec lui nous serons glorifiés ; si nous mourons avec lui, avec lui nous vivrons. Si nous participons à sa mort, nous participerons à sa résurrection.

N'hésitons donc pas à porter la mort au-dedans de nous-mêmes, puisque c'est y faire régner la vie. Revêtons d'incorruptibilité ce qui est en nous corruptible, et d'immortalité ce qui est en nous mortel. Que la vie triomphe en nous, en tuant la mort dans les saints combats et les féconds sacrifices, et nous pourrons dès ici-bas chanter cet hymne de la victoire : « La mort a été absorbée dans le triomphe de la vie. O mort, où est ta victoire ? O mort où est ton aiguillon ? » Mais comme nous le chanterons mieux encore, l'hymne de la vie, dans ce royaume du ciel où nous sommes appelés à vivre et à régner avec celui qui vit et règne dans les siècles des siècles !

CHAPITRE II

I. Objection du naturalisme contre la mortification. — II.
C'est dans la nature même qu'il y a division et lutte. —
III. Et la mortification est un devoir de nature. — IV.
Mais la nature seule remplit mal ce devoir, étant blessée
par le péché originel. — V. La grâce l'aide, la délivre et
réhabilite même la chair. — VI. La mortification ne
rompt pas l'harmonie entre la vie naturelle et la vie surnaturelle.

I

Contre la loi de la mortification, imposée par les
exigences de la vie chrétienne, le naturalisme proteste
au nom de ce qu'il appelle les droits de la nature.

Ecoutons ses revendications.

S'il est prouvé que la lutte est une condition de notre
existence, même dans l'ordre de la vie surnaturelle, et si
cette lutte se livre dans l'intime de notre être où des
forces adverses, se trouvant en concurrence vitale, se
font une guerre à mort, n'en faut-il point nécessairement
conclure que la nature et la grâce sont en nous dans le
plus complet désaccord? Et peut-on parler encore d'une
prétendue harmonie qui unirait dans l'homme, d'après
la philosophie chrétienne, l'élément divin et l'élément
humain?

Car enfin, on a beau montrer que la lutte intérieure profite à la vie, on a beau dire que la loi de mortification est exigée par les intérêts mêmes de la vie et doit être vraiment regardée comme une loi de vie, elle est une lutte cependant, une lutte manifestement dirigée contre notre nature et contre l'expansion de nos activités naturelles. Loi de vie, si l'on veut, au point de vue de l'élément surnaturel qui a ses exigences surhumaines — pour ne point dire inhumaines — peut-on douter qu'elle soit pour notre nature une loi de mort? Et le nom même de *mortification* signifie-t-il autre chose?

Qui donc voudrait reconnaître dans la grâce une alliée de nos vitalités humaines, si elle les opprime, et si le chrétien tue l'homme? N'est-ce pas renverser toutes les notions que de voir une harmonieuse unité, où le dualisme est si évident? Comment croire encore à la convenance des deux vies mises en présence dans le chrétien, après qu'on a entendu saint Paul décrire, avec tant de relief, la scission dont souffre tout notre être et ces discordes intimes qui, tiraillant en sens contraires la pauvre conscience chrétienne, la mettent aux abois et lui arrachent ce cri désespéré : « Qui me délivrera de ce corps de mort? » Alliance bien assortie en vérité que celle qui est suivie d'une demande en divorce !

Eh quoi? La vie surnaturelle veut être délivrée du corps? Mais alors qu'on ne s'étonne plus si la nature proteste à son tour et demande, elle aussi, que la séparation se fasse ! C'est en effet ce qu'elle réclame de toutes ses forces, à en croire ceux qui s'en déclarent les porte-parole. « Arrachons la nature, disent-ils, au joug intolérable que de lamentables préjugés ont trop fait peser sur elle. Rendons libre la force d'expansion de ses activités, toutes légitimes, puisque toutes ont même origine qu'elle. Emancipons l'humanité trop longtemps tenue en tutelle par une puissance usurpée. Réhabilitons la chair. La vie chrétienne est inacceptable, qui divise l'homme, en fait un être de contradiction, le place dans une situation inextricable. Qu'on affirme tant qu'on voudra de prétendus droits d'une vie surnaturelle, à laquelle appartiendrait le commandement dans la vie humaine : puisqu'elle ne peut régner qu'en opprimant l'homme, nous ne voulons pas qu'elle règne sur nous. »

II

Ce sont bien là paroles de révoltés. Tels des soldats, entraînés dans un mouvement d'indiscipline, proclament qu'on exige d'eux un service odieux et que l'autorité est donc l'ennemie. Tels des enfants mutinés crient que le maître est un tyran dont le seul souci est de les tourmenter.

On peut très spécialement appliquer à la mortification ce que saint Paul dit de la prédication évangélique, qu'elle est parfum de vie ou odeur de mort : parfum de vie pour ceux qui se sauvent, odeur de mort pour ceux qui se perdent (1). La comprend qui veut la comprendre ; mais aussi, qui veut se perdre prend parti contre elle.

Non, pauvres enfants, ce maître est bon et ne vous hait pas : il désire votre bien et ne fait la guerre qu'à vos défauts. Soldats livrés aux souffles d'indépendance, vos chefs, croyez-le bien, loin de vouloir exténuer vos forces, vous dressent au contraire à en faire bon usage, vous préparant ainsi à défendre la patrie.

L'accusation portée au nom de la nature humaine contre la divine loi du sacrifice tombe de soi, pourvu qu'on fasse seulement cette simple, mais importante réflexion, à savoir que la mortification frappe et tue non point la nature elle-même, mais ce qu'il y a en elle de désordonné, ce qui l'empêche d'atteindre sa perfection propre ; et que, par conséquent, loin d'écraser l'homme, elle le redresse ; loin de conduire la nature à sa ruine,

(1) II Cor., II, 16.

elle en assure au contraire le véritable épanouissement.

Sans doute ce serait une contradiction manifeste et choquante que de déclarer harmonieusement unis ces mêmes éléments que saint Paul nous montre en guerre dans notre vie intime. Mais aussi faut-il prendre une vue plus nette des choses. L'élément contre lequel la vie surnaturelle se trouve nécessairement en lutte, ce n'est point la nature prise en bloc, avec l'ensemble de ses activités : la vie supérieure ne demande à en supprimer que les désordres et les défauts.

Où existe le dualisme — si l'on peut employer cette expression, vraie seulement en un certain sens — sinon au sein même de notre nature, entre les aspirations les meilleures et les tendances d'ordre infime qui sont en notre être humain ? C'est là que « la chair convoite contre l'esprit et l'esprit contre la chair, car ce sont choses opposées l'une à l'autre (1) ». On peut déplorer assurément que ces deux parties de l'homme n'aient pas des relations pacifiques, et que la vie animale, si inférieure à la vie intellectuelle et morale, n'accepte pas avec une soumission parfaite la direction de la puissance qui a droit au commandement ; on pourrait même avec raison trouver étrange une rupture si marquée des relations hiérarchiques entre les vitalités de l'homme, rupture qui contraste avec cette juste subordination des forces qu'on observe dans les vies d'ordre inférieur. Mais le fait est indéniable, pour qui considère la nature humaine sans autre dessein que de constater ce qu'elle est ; et ce n'est donc pas la seule présence de la vie surnaturelle qui divise l'homme avec lui-même.

Dire que des tendances infimes, la chair, si l'on veut les désigner de ce mot, détournent l'homme des fins supérieures auxquelles l'esprit doit pourvoir ; affirmer que les membres, repaire des appétits indomptés, sont en révolte contre l'âme, « combattent contre l'âme (2) », c'est

(1) Gal., v, 17.
(2) 1 Petr, ii, 11.

constater un état de choses de tout temps remarqué par les moralistes de toute école : la description de ce mal est un lieu commun de la littérature. Ces vices, ces convoitises, ces désirs terrestres, cette animalité humaine, *animalis homo*, que l'Ecriture nous signale comme des adversaires à vaincre, sont choses trop connues des hommes, « enfants des passions », pour qu'un tel langage puisse surprendre personne.

Oui, hélas! l'expérience des siècles et l'expérience du temps présent n'en donnent que trop de preuves, il y a de la brute dans l'homme. Des instincts bas, dégradants, égoïstes, féroces, se manifestent en notre race, à certaines heures du moins et en certains individus, parfois avec une violence telle que la bête, alors, échappe totalement à l'autorité de la raison et impose au contraire ses ordres, c'est-à-dire l'assouvissement de ses appétits. Que dis-je? ne sait-on pas qu'il arrive à l'homme de descendre jusqu'au-dessous de la brute? Il semble que l'animal, cherchant les satisfactions de ses sens, soit averti et retenu par un instinct modérateur, qui l'arrête à la limite de ses besoins. Mais de telles barrières sont insuffisantes pour retenir la brute humaine; car l'homme sait que ce sont des barrières et qu'il est libre, et qu'il a faculté d'aller au-delà; et il va au-delà, justement parce qu'il raisonne et fait servir au mal les ressources que lui fournit sa raison; et ce qui contient la brute ne l'arrête point. Vraiment, quand l'Ecriture dit que l'homme, « mis en honneur par Dieu, a perdu le sens, et est devenu semblable aux animaux sans raison (1) », elle est indulgente pour l'homme, car elle néglige de faire mention de tant de malheureux humains qui traînent leur honte en des fanges où l'animal ne se vautre pas. De Bonald croit pouvoir définir l'homme « une intelligence servie par des organes »; mais de combien de représentants de l'espèce humaine ne faudrait-il pas dire,

(1) Ps., XLVIII, 13.

avec plus de raison, qu'ils sont des organes servis par une intelligence ?

Sans doute la dégradation extrême est exceptionnelle dans l'humanité ; mais les excès où s'enfoncent un grand nombre d'hommes permettent de mesurer la profondeur du mal, et de reconnaître l'urgence du devoir qui incombe à notre nature, entraînée par les sens jusqu'à « l'ignominie (1) ».

III

Puisque, en effet, telle est la misère de l'humaine nature, nous avons donc le devoir, non seulement à titre de chrétiens, mais aussi comme hommes, d'assurer la victoire à l'esprit sur la chair, à la raison sur la passion. Il y va de la dignité humaine, et c'est affaire même de sagesse philosophique de maintenir en notre nature l'ordre nécessaire. Au nom d'un droit naturel imprescriptible, l'esprit réclame en nous la prépondérance.

Les philosophes monistes eux-mêmes, qui ont leur façon d'entendre la morale, prétendant reconnaître, dans les appétits dégradants de l'espèce humaine, des restes de ces instincts brutaux qui dominaient dans les races animales d'où — affirment-ils — nous descendons, n'imposent-ils pas à l'homme l'obligation de travailler avec vigueur à se dégager toujours plus des brutalités ancestrales, de la paternelle animalité ? Ils ont tort sans doute, sentant le péché originel qui frémit en la chair humaine, d'en faire remonter la source aux anthropoïdes et aux singes ; mais on voit qu'ils lisent, eux aussi, dans notre nature où il est visiblement écrit, ce devoir vraiment humain de soumettre en nous les vitalités inférieures aux fonctions d'ordre supérieur.

(1) Rom, I. 26.

Que la chair suive sans frein son impétuosité basse et alors on la sent, à mesure qu'on lui cède, devenir de plus en plus exigeante et redoutable ; en même temps, l'esprit se trouve affaibli dans sa force, amoindri dans ses droits, abaissé dans sa dignité. Il faut donc que le principe supérieur impose sa légitime autorité, qu'il dompte et assujettisse la matière, qu'il lutte par conséquent contre ce qui résiste et qu'il immole même, si son hégémonie est à ce prix, ce qui ne veut pas, ou même ne peut pas se soumettre.

Et la question n'est pas de savoir si la lutte est pénible ou non, mais si elle est nécessaire, et si l'homme seul serait dispensé de déployer cette énergie vitale dont même les animaux et les plantes ont à leur manière besoin pour se sauver. Ne sait-on pas, d'ailleurs, que l'homme se montre très capable d'effort, et sait s'imposer violence, quand il s'agit pour lui de garder des intérêts matériels, ou de conserver la santé par les privations qu'impose l'hygiène, ou simplement de se procurer des plaisirs pour le moins inutiles, voire même de satisfaire à certaines exigences mondaines de pure convention ? Et il refuserait seulement le sacrifice alors que sont en jeu des intérêts bien autrement élevés, ceux de l'esprit, du cœur, de la volonté, alors qu'il s'agit pour lui d'affranchir son âme, de sauver cette vie intérieure qui constitue proprement sa personnalité et de laquelle dépend sa valeur véritable ? Non, la raison condamne une telle lâcheté : pour garder sa dignité, l'homme a le devoir d'être fort.

IV

Pourtant, en face de ce devoir, dans la lutte qu'impose la poussée des inclinations inférieures, combien est faible la volonté humaine ! Elle a le pouvoir radical, comme elle a le droit et l'obligation, de commander aux passions ; mais si les passions se mutinent et réclament qu'on les satisfasse, comme la volonté est prompte, en fait, à céder lâchement et à abdiquer l'autorité ! « Vous serez maître de votre convoitise et vous la dominerez : » telle est la théorie, tel le devoir. « Je fais le mal que je ne voudrais pas faire » : voilà le fait, et voilà la faute. Nous condamnons le mal, et au même instant notre volonté, hésitante et débile, se laisse vaincre par les appétits mauvais. Et de combien d'hommes, hélas ! l'existence n'est-elle pas une série de capitulations de l'esprit devant les exigences de l'animalité !

Quel mystère est-ce donc que l'homme ! Que de grandeur en lui, et que de bassesse ! De quels élans sublimes, mais aussi de quels abaissements honteux n'est-il pas capable ! Les philosophes chrétiens n'ont pas seulement exposé ces contradictions dont l'âme humaine est le théâtre et la victime ; éclairés par la révélation, ils ont connu la solution de l'énigme. Ils ont vu ce que d'autres s'obstinent à ne point voir, et qui explique le trouble jeté dans notre pauvre nature, où l'ordre et l'équilibre sont rompus, où la vie intelligente, spirituelle, vraiment humaine, ne peut que très difficilement commander à la vie animale.

L'humanité est déchue. Comme un aigle blessé, elle garde pour les hauteurs un intime attrait ; mais son poids la retient en bas, et du coup d'aile qui la soulèverait de terre elle est le plus souvent incapable.

C'est du péché d'Adam que lui vient la blessure. Chassée autrefois de l'Eden, elle traîne depuis ce jour une nature découronnée, débilitée, diminuée. Sans doute Dieu n'a pas voulu, en la châtiant dans son corps et dans son âme (1) de son insoumission, priver notre nature des propriétés essentielles sans lesquelles, incom-

(1) Conc. Trid. Sess. v, can. 1.

plète et mutilée, elle ne pourrait plus ni connaître quelque vérité importante, ni accomplir aucun bien ; mais elle reste nue, réduite à ses ressources propres ; que dis-je ? elle est en quelque façon moins qu'elle-même, car elle porte une cicatrice, marque des prérogatives qu'elle avait reçues de Dieu, et qu'elle n'a plus ; et par l'effet de ce stigmate profondément empreint, les forces de sa volonté sont « affaiblies et inclinées (1) ».

Oh ! qu'ils connaissaient peu l'état réel de notre nature, ces hommes, ces écrivains, païens, humanistes, naturalistes, de quelque nom qu'on les désigne, qui l'ont exaltée jusqu'au délire ! La déclarant impeccablement bonne, ils ont affirmé reconnaître en elle des virtualités douées d'une force illimitée d'expansion, en travail latent de divinisation, et dont l'épanouissement progressif, résultat infaillible de forces qui d'elles-mêmes se mettent en un juste équilibre, devra conduire la nature à un suprême triomphe. Quels biens leur a-t-elle donc procurés pour qu'ils en soient devenus à ce point idolâtres ? Quand leur a-t-elle assuré par elle-même un ensemble de vérités capable d'éclairer complètement les chemins et le but de l'existence, ou une rectitude de volonté fermement orientée vers le bien ? Est-ce de la plénitude de vie, est-ce de la beauté, est-ce du bonheur, qu'elle les met en possession ? Qu'elle soit riche de promesses, il le faut bien reconnaître : devant les regards d'hommes trop peu avertis, elle sait faire apparaître des aspects séduisants aux féeriques mirages. Mais richesse de promesses, richesse indigente ; elle ne donne pas ce qu'elle promet. Elle en est bien incapable. De ce qui vient d'elle, rien ne dure, rien n'est solide, rien ne satisfait. Combien lui ont demandé la plénitude de vie sans avoir pu se satisfaire ! C'est vraiment folie d'attendre le bien et le bonheur vrai de cette séductrice, toujours en faillite ; bien aveugles sont ceux qui tournent vers

(1) Concile de Trente, Sess. VI, can. 1.

elle, en même temps que l'encens profané de leurs adorations, les élans inassouvis de leurs virtualités.

Aussi, tandis que le naturalisme adule et célèbre les puissances de la nature, un cri bien différent s'élève contre elle d'un autre côté de l'humanité. « Oui, clame une armée de mécontents, la nature est infidèle ; la nature est pour l'homme une marâtre ; nous la détestons, nous la condamnons. » Tels les pharisiens amenèrent la femme coupable au tribunal du Christ et l'accablèrent de leurs accusations. De quels crimes les pessimistes, anciens et modernes, n'ont-ils pas chargé la nature ? Illuminés, poètes, philosophes, les uns renfermés dans un artistique ou aristocratique égoïsme, les autres prenant en pitié l'universelle souffrance humaine, ils se sont accordés pour maudire. Ils ont déclaré la nature mal faite, désordonnée, aveugle, absurde, menteuse, ironique, immorale ; ils lui ont trouvé tous les défauts, lui reprochant surtout, et avec combien d'amertume ! de plonger l'homme dans l'océan de douleur. Et puisque, concluent-ils, le bonheur, qu'inutilement ou cruellement elle fait entrevoir, est pure tromperie ; puisque, par la science et la civilisation, l'homme acquiert de son mal non point la guérison, mais au contraire une conscience plus développée et une sensation plus aiguë ; puisqu'enfin, l'existence étant la condition de l'inséparable douleur, rien n'est désirable, rien n'est bon que la suppression de l'existence qui entraîne la suppression de la douleur, la suprême et unique ressource qui nous reste est donc de nous enfermer dans un fier désespoir, de comprimer en nous le désir de vivre, et, s'il est possible, par l'effort collectif de toutes les volontés tendues vers le gouffre majestueux du néant, de supprimer la vie, l'être, la nature, pour remporter ainsi sur le mal une sombre et définitive victoire ?

Et tandis que le naturalisme pousse au déploiement de la personnalité humaine, à l'expansion de la nature, le pessimisme s'efforce d'éteindre la flamme de vie et aspire au néant. De part et d'autre on exagère et l'on se trompe. A la lumière révélée, le Christianisme voit plus juste. Il dit à ceux-ci : La nature reste distincte de son Créateur et n'est nullement en voie de divinisation ; à ceux-là : OEuvre de Dieu, la nature ne peut être mauvaise en soi. Elle n'est point toute mauvaise ; elle n'est point toute bonne.

C'est qu'en effet la situation réelle, concrète, de notre nature est celle-ci : l'homme est vraiment fait pour la vérité, le bien, le bonheur. Il a même été appelé, dès l'origine, à jouir de ces biens dans une mesure qui dépasse ses capacités naturelles. Mais déchu de cet état, et blessé dans ses puissances, il est devenu incapable non seulement de rentrer par ses propres forces en possession des biens perdus, mais encore de se suffire toujours parfaitement à lui-même en ce que réclament les tendances supérieures de sa nature.

<h2 style="text-align:center">V</h2>

Mais un Sauveur est venu à son secours.

Restaurant ce que le premier Adam avait perdu, le Christ a réintégré l'homme dans sa dignité première ; il a pansé sa blessure, et, pour l'aider, a mis à sa portée un appoint de force divine. L'homme est ainsi rétabli dans ses hautes espérances, et il dispose des ressources indispensables pour les réaliser.

Sans doute le Sauveur nous a laissé, en cette vie, la faiblesse et l'inclination de la volonté, la faillibilité et l'ignorance de l'esprit, et la concupiscence de la chair, qui marquent notre nature du triste stigmate ; mais nous portons en nous la vie supérieure qui nous avait été ôtée, avec les moyens de la défendre et de la conserver. Voilà donc l'homme redevenu fils de Dieu, appelé à l'héritage du Père, remis dans le chemin de ses destinées et capable, s'il le veut, s'il se prête à l'œuvre de vie, d'atteindre le suprême bonheur.

Promis par Dieu, qui a engagé sa parole et nous donne dès maintenant les arrhes de notre héritage, le bonheur n'est donc pas une chimère. Et justement la souffrance nous est ici-bas un stimulant pour le chercher, en même temps qu'un moyen pour l'atteindre. C'est pourquoi, au milieu des épreuves dont ce monde est rempli, une immense espérance traverse la vie chrétienne, placée entre le bonheur perdu et le bonheur promis. Par le développement de vitalités d'ordre divin, que la nature n'aurait jamais pu tirer d'elle-même, nous allons, bien loin du néant qu'appellent les désespoirs du pessimisme, vers la plénitude de vie, vers une participation consciente et béatifiante de la vie de Dieu, vers une divinisation qui dépasse tous les rêves et toutes les aspirations du naturalisme, vers « ce que l'œil n'a point vu, ni l'oreille entendu, ni le cœur de l'homme imaginé, mais que Dieu a préparé pour ceux qui l'aiment. »

Et admirons comment la bonté divine entend conduire à un achèvement parfait le plan merveilleux qu'il a conçu pour la réparation de l'humanité : la chair même de l'homme doit participer à la gloire et au bonheur vers lesquels nous emportent nos destinées surnaturelles. Elle fait partie, après tout, de la nature humaine ; Dieu, ne voulant pas faire son œuvre à demi, s'est engagé à la restaurer elle-même. Sa part est donc marquée dans le grand triomphe final. Purifiée par la mortification, par la souffrance, par des misères de toutes sortes, et surtout par la grande dernière épreuve, le broiement de la mort et l'humiliation du tombeau, elle se trouvera à l'honneur après avoir été à la peine. Pour elle aussi, la mort sera ouvrière de vie ; elle sera frappée par cette terrible exécutrice des justices célestes ; elle semblera perdue, anéantie ; mais on verra, au contraire, la chrysalide humaine, qui porte en elle, tout informe et chétive qu'elle paraît, le germe d'immortalité, déployer tout à coup une beauté splendide dans la victoire de la résurrection. Aucun des faux adulateurs de la chair n'a jamais annoncé pour elle une telle gloire ; la réalité dépassera tous les rêves. Le corps humain sera transformé, spiritualisé, glorifié, béatifié (1).

La voilà bien, la véritable réhabilitation de la chair, faite par Dieu lui-même, et que nous obtiendrons non point par la folle proclamation de son indépendance, mais en la forçant au contraire à obéir, à se contraindre, à rester dans l'ordre, en la soumettant au régime purifiant et sauveur de la mortification chrétienne.

Et il faut donc reconnaître, puisque en nous mortifiant nous préparons la gloire de notre chair, que ce n'est pas proprement à la chair en tant qu'elle est une partie de l'homme, mais seulement à ce qui se révolte en elle contre loi de l'esprit, que la mortification déclare une guerre à mort. « Nul, en vérité, ne peut haïr sa propre chair. » La chose qu'on doit vraiment tuer, dans cette chair destinée à une vie immortelle, c'est le désordre qui est en elle, ce sont les inclinations mauvaises où s'est fixé le mal. Ne la croyons pas vicieuse par nature ; elle l'est par perversion ; aussi ne l'est-elle pas irrévocablement. Elle peut être redressée, elle peut être guérie ; et nous la sauvons pour notre part en la mortifiant, en lui livrant une guerre qui tourne à son avantage. Qui l'aime, la châtie ; qui veut la sauver doit la combattre ; c'est en mourant au péché qu'elle acquiert des droits à la glorieuse résurrection (2).

(1) « Et alors, dit saint Augustin, la chair ne convoitera plus contre l'esprit ; et par conséquent il n'y aura plus de raison pour que l'esprit convoite contre la chair. Toute lutte alors sera terminée, la concorde sera parfaite entre les deux éléments : nul ne pourra plus être charnel, puisque la chair elle-même sera spirituelle. » (Saint Augustin, *de Continentia*, l. I, c. xxv).

(2) « Ce travail fécond et glorieux par lequel nous conte-

VI

Qu'on ne voie donc pas dans la grâce l'ennemie de notre nature, puisqu'elle en est réellement la libératrice. Loin de l'opprimer et de la perdre, elle est pour elle une force alliée, qui aide l'esprit et la volonté à se défendre contre les passions. Elle intervient dans le jeu des activités naturelles pour faire triompher les forces supérieures sur les instincts bas, l'homme sur la brute. Elle n'opprime, elle ne tue dans la nature que ce qu'il y a en elle de mauvais, le mal et les germes du mal.

C'est du reste à la seule condition de trouver et de maintenir en nous cet ordre obligatoire qu'elle peut consentir elle-même à garder l'alliance avec la nature. Elle n'habite pas une nature avilie, livrée à la confusion ; ce désordre est incompatible avec la filiation divine. « L'Esprit de Dieu ne reste pas avec l'homme tant qu'il est chair (1) », c'est-à-dire livré aux passions. Le diable le sait ; aussi, pour chasser du cœur de l'homme la vie surnaturelle, s'efforce-t-il d'y fomenter la révolte des passions et d'y faire triompher l'animalité. Mais que, dans la lutte sainte, l'homme aidé par le secours d'en haut dompte la chair rebelle, écrase tout ce qui abaisse

nons et réfrénons la partie infime de nous-même, c'est-à-dire le corps, l'écartant des plaisirs immodérés et coupables, les Manichéens ont tort de le regarder non comme un châtiment salutaire, mais comme une persécution hostile. Le corps sans doute est distinct de l'âme, mais il n'est pas distinct de l'homme. Si l'âme n'est pas faite avec un corps, l'homme pourtant est fait d'un corps et d'une âme ; et quand Dieu délivre l'homme, il le délivre tout entier. Aussi le Sauveur s'est uni personnellement à l'homme tout entier pour délivrer en nous, dans sa condescendance, tout ce qu'il a fait. » (Saint Augustin, *de Continentia*, l. I, ch. xxvi).

(1) Gen., vi, 3.

et dégrade, et assure la prépondérance à ce qu'il y a de meilleur en notre nature, alors la vie divine peut poursuivre efficacement son œuvre bénie.

La lutte donc et la mortification n'empêchent nullement la nature et la grâce de vivre harmonieusement unies. Ne voit-on pas, au contraire, comme la paix règne dans le chrétien chez qui la chair est soumise, les passions domptées? En lui, c'est la tranquillité de l'ordre ; les activités se maintiennent au rang que leur assigne une juste hiérarchie. L'on voit, d'une part, la nature restaurée se montrer fière et reconnaissante de l'affranchissement dû à l'action de la grâce ; et, d'autre part, la vie surnaturelle s'épanouir, se complaire, pour ainsi parler, dans une nature libérée des passions, où la raison commande et l'animalité obéit.

Après avoir combattu ensemble le bon combat, et fait respecter dans l'homme les droits du meilleur, la nature et la grâce n'en reconnaissent que mieux la convenance et les avantages de leur collaboration. Les luttes resserrent leur alliance ; et aux heures de victoire, heureuses, surtout alors, d'être l'une à l'autre, elles aiment à se promettre fidélité : tels deux vainqueurs renouvellent le traité qui les lie, en se donnant la main sur le trophée de leur commun triomphe.

CHAPITRE III

LA MORTIFICATION DES FACULTÉS DE L'AME

I. La mortification dans les facultés de l'âme. — II. *L'esprit.*
Le grand péché de l'esprit humain. — Nécessité et bien-
faits de l'humilité de l'esprit. — III. — *La volonté :* La
volonté humaine doit être dépendante de Dieu. Elle en a
d'autant plus de vraie liberté, de force, d'autorité. — IV.
— *Le cœur.* L'ordre veut que toutes nos affections soient
subordonnées à l'amour de Dieu. Et c'est tout profit pour
nos affections.

I

Si la vie surnaturelle, introduite en nous par notre
insertion dans le Christ, rencontre des obstacles dans
notre pauvre nature, si à la sève divine le sauvageon
oppose des résistances contre lesquelles il faut engager
la bataille, nous devons reconnaître que ces oppositions
se produisent non point seulement dans la partie inférieure de notre humanité, c'est-à-dire dans la chair,
mais encore dans les facultés supérieures, l'intelligence,
la volonté, le cœur ; soit que ces puissances subissent
le joug de la chair qui les entraîne dans sa révolte, soit
qu'elles prétendent développer capricieusement leur activité propre sans la plier aux exigences de la vie surnaturelle.

L'intelligence, dont la loi est de nous unir à la vérité, tire orgueil de sa haute fonction : aussi est-elle portée à se regarder comme la mesure et l'arbitre du vrai. Elle aime ce qui vient d'elle-même ; elle s'attache aux idées vers lesquelles l'ont portée je ne sais quelles impulsions spontanées, ses sympathies intimes, ses habitudes ; elle a rarement pour la vérité un culte désintéressé et sans alliage.

Or, le christianisme lui donne un maître de la pensée dont elle doit recevoir docilement la leçon, un guide sous la direction duquel il faut qu'elle se mette avec humilité. Et ce maître lui enseigne des vérités trop hautes pour qu'elle puisse les saisir, condamnant « toute fierté qui s'élève contre la science de Dieu et enchaînant l'intelligence dans la soumission au Christ (1) ». Et ce guide la conduit vers un but qui n'apparaît point, qu'elle entrevoit seulement dans les obscures clartés de l'espérance (2).

Mais croire simplement le Maître qui a les paroles de la vie éternelle, et marcher avec confiance vers un but qui n'apparaît pas, c'est immoler l'orgueil de la pensée aux exigences de la vérité supérieure : et voilà bien le sacrifice de l'esprit, qui coûte et crucifie, ce sacrifice que désigne saint Paul quand il parle du « verbe de la croix, folie pour ceux qui ne peuvent comprendre (3) et périssent, force divine pour ceux qui sont sauvés (4) ».

La loi du sacrifice s'impose de même à la volonté, non seulement parce qu'elle doit faire effort pour soumettre les passions, mais encore parce qu'elle est obligée de se maintenir elle-même dans l'obéissance. Car elle est exposée à une très grande séduction, celle de tendre à l'indépendance, alors qu'elle a pour suprême devoir

(1) II Cor., v, 10.
(2) II Hebr., xi, 1.
(3) I Cor., ii, 14.
(4) I Cor., i, 18.

la soumission. Sa loi est de chercher le bien ; sa pente est de s'assurer la liberté. Sans doute, il est nécessaire qu'elle soit libre : mais la liberté n'est qu'une condition de son activité et n'en est pas le but, l'instrument et non point l'objet de ses conquêtes. La volonté humaine dépend de la volonté divine : il faut qu'elle se sacrifie au bien, qu'elle se renonce, qu'elle suive le maître : et c'est la formule même du sacrifice chrétien.

Et le cœur ? Sur lui également pèse la sainte loi de la vie chrétienne. Qui en suit aveuglément les inclinations ne saurait rester dans le chemin du devoir. Aussi, outre les immolations que la Providence se charge de nous présenter elle-même, en les faisant entrer malgré nous dans la trame de notre vie, combien il en est que nous devons nous imposer volontairement pour obéir à notre conscience et garder la vie en Jésus-Christ ! Il faut comprimer des aspirations impérieuses, refouler des désirs, briser des liens aimés, s'ouvrir à des tendresses et à des pitiés auxquelles peut-être l'instinct mauvais répugne, subir patiemment des oublis, des humiliations, des froissements, réprimer des révoltes intérieures : que sais-je ? Ce serait une histoire infinie de raconter les sacrifices que les devoirs de la vie chrétienne peuvent exiger du cœur humain.

Il s'en faut donc bien que la loi de la mortification atteigne seulement en nous la chair, l'animalité ; elle étreint l'homme même, et nos puissances les plus élevées. Elle nous oblige à combattre en notre esprit l'orgueil, en notre volonté l'indépendance, en notre cœur l'égoïsme. La lutte pour la vie supérieure doit se poursuivre jusqu'en ce domaine, où vaut aussi la formule sacrée : « Si quelqu'un veut venir après moi, qu'il se renonce soi-même, porte sa croix et me suive (1) ».

Hâtons-nous de dire de cette mortification de l'esprit ce que déjà nous avons mis en évidence au sujet de la

______

(1) Math., xvi, 24.

mortification de la chair, à savoir qu'elle n'arrête point l'élan de la vie et que, bien loin d'être l'ennemie de la nature, elle en est, au contraire, la libératrice. S'il est des esprits prévenus qui accusent le christianisme d'atrophier les facultés humaines en les enserrant, comme on a dit, dans les dogmes et les pratiques ainsi que dans une « chape de fer, » il leur suffirait de regarder autour d'eux pour voir si vraiment les chrétiens les plus convaincus et les plus fidèles à leurs principes religieux perdent, par l'effet de leur christianisme, soit la puissance de leur esprit, soit les énergies de leur volonté, soit les richesses de leur cœur ; ils n'auraient qu'à se souvenir des grands noms apportés jusqu'à nous par l'histoire des siècles passés pour savoir si le génie et si les caractères se sont jamais étiolés sous le joug de l'Évangile. Mais, dans cet ordre de choses, on ne voit que ce qu'on veut voir.

Pour le moment, observons l'œuvre de la mortification chrétienne dans l'esprit, dans la volonté, dans le cœur de l'homme : constatant d'une part combien ces facultés, par suite de la déchéance dont elles portent l'empreinte, « ont besoin de la gloire de Dieu (1) », et remarquant, d'autre part, le rôle que la mortification remplit en leurs vitalités, nous pourrons apprécier à quel point leur est bienfaisante l'action de la vie surnaturelle.

II

A s'incliner docilement sous le joug sacré de la foi, notre intelligence, comme le démontre la philosophie chrétienne, agit selon ses propres lois, de façon par-

____

(1) Rom., iii, 23.

faitement raisonnable, et, loin de compromettre sa dignité, la relève. La foi, en effet, pour se faire accepter, montre ses lettres de créance et satisfait ainsi aux légitimes exigences de la raison ; et, d'autre part, ayant acquis notre parfaite confiance, elle n'en abuse point pour nous demander de croire à l'absurde, puisqu'elle nous offre au contraire des lumières supérieures aux clartés de l'esprit, lumières qui viennent de la source la plus riche et la plus sûre, de la parole divine.

Mais si croire est faire un acte de sagesse, c'est aussi très certainement faire un acte d'humilité ; et l'union de ces deux caractères, parfaitement conciliables, donne à l'acte de foi une très haute valeur morale, bien en rapport avec la valeur surnaturelle qu'il possède au point de vue de notre justification.

Croire, c'est s'humilier ; c'est dire à Dieu : « Seigneur, ma vue est très bornée, instruisez-moi. Vous qui avez fait mon esprit pour la lumière et qui avez créé un monde de lumière pour mon esprit, vous qui savez mon ignorance et voyez ma soif de vérité, enseignez-moi, vous ne pouvez me tromper. Vous savez tout et vous êtes bon. Parlez : je me mets à votre école ; je suis disciple soumis et docile ; je me fais enfant devant vous pour entrer dans le royaume des cieux ».

Et c'est « aux petits que Dieu donne la sagesse », aux humbles, aux droits de cœur. En termes exprès, devant ses apôtres, Jésus-Christ a voulu rendre grâces à son Père « de ce qu'il cache sa vérité aux sages et aux prudents du siècle et la révèle aux petits ». De même que le langage de la science est jugé étrange par le vulgaire et parfois lui semble une gageure, ainsi la sagesse humaine, « ne percevant pas ce qui est de Dieu », ne comprend rien à la révélation faite aux humbles par le Seigneur. Elle n'a pas la vue ajustée aux rayons du divin soleil : Dieu ne s'abaisse pas à des âmes si hautes ; elle nomme ténèbres les saintes lueurs de la croix ; elle traite les vérités célestes de chimères, de rêveries, de mystification. « Les Juifs les appellent un scandale, les Gentils une sottise. »

Dans la réalité des choses, c'est la sagesse de ce monde, la « sagesse charnelle (1) » qui est elle-même folie, en refusant de se courber devant une sagesse infiniment plus haute. « La sagesse de ce monde est folie devant Dieu » (2) ; ce qui paraît folie dans le verbe de la croix et dans les œuvres divines est plus sage que tout ce qui vient de l'homme (3). Folie de la croix, sagesse de Dieu.

Est réellement insensé qui se fie à l'homme contre le divin témoignage. Qu'est en effet, laissée à ses seules forces, l'orgueilleuse raison humaine, si idolâtre de ses conceptions, et qui prétend ne rien devoir qu'à elle-même, alors que pourtant son activité a un besoin absolu des sollicitations et de l'aide venant du dehors ? Ne la savons-nous pas sans cesse exposée à l'erreur, dans laquelle elle s'attarde ou vers laquelle elle se précipite avec si peu de clairvoyance, que les philosophes ont dû lui dresser le catalogue de ses façons d'errer, avec celui des précautions infinies qu'elle devrait prendre, mais qu'elle ne prend guère, pour n'être pas dupe de ses propres raisonnements ? Et comme il faut déplorer qu'elle refuse si souvent d'être enseignée par Dieu et de s'incliner dans « la soumission à Jésus-Christ » !

De quelles aberrations elle est capable, certains penseurs le lui ont dit durement, trop durement peut-être ; ne nous attardons pas toutefois à recueillir les témoignages des hommes, sur un point que la lumière d'en-haut a si vivement éclairé. Rappelons plutôt comment saint Paul a dénoncé la grande forfaiture de la sagesse humaine ?

(1) II Cor., i, 12.
(2) I Cor., iii, 19.
(3) I Cor., i, 25.

L'usage principal que l'homme doit faire de sa raison, c'est incontestablement de « chercher Dieu (1) », de le trouver, de le reconnaître dans le miroir du monde, de lui rendre hommage. Mais l'homme, nous dit l'Apôtre dans une page singulièrement énergique, n'a pas su voir Dieu. Il s'est séparé de la vérité en rejetant la première grande vérité, en vue de laquelle surtout il a reçu l'intelligence ; « il a été injuste envers la vérité divine. Car Dieu ne se montre-t-il pas aux hommes qui le veulent regarder ? Invisible en lui-même, il est connu par la création, dont il est l'auteur, où il manifeste sa puissance et sa divinité ; et bien inexcusables sont ceux qui ne le connaissent pas. Non qu'ils ignorent Dieu tout à fait, du reste ; mais ils ne le traitent pas en vrai Dieu, ils ne lui rendent pas l'honneur et l'action de grâces qui lui sont dus. Ils ont abaissé et profané la notion du Dieu incorruptible jusqu'à donner à la divinité la forme de l'homme mortel, des oiseaux, des quadrupèdes, des animaux qui rampent. *Ils ont ainsi changé en mensonge la vérité de Dieu.* Ils ont honoré, ils ont servi la créature plutôt que le Créateur qui est béni dans les siècles des siècles. Amen (2) ».

Voilà le crime de la raison, crime que Dieu fait expier à l'humanité « en l'abandonnant aux passions d'ignominie, en la livrant au sens réprouvé (3) ». Pour avoir d'un si grand mal une explication suffisante, il faut se souvenir du péché originel, par lequel l'intelligence de l'homme a été amoindrie, troublée dans son élan vers le vrai. Aussi n'est-ce point seulement dans les temps qui ont précédé Jésus-Christ et dont parle saint Paul, qu'est apparue la triste blessure de la raison humaine : bien que le remède nous ait été offert par la Rédemption, la blessure reste vive et profonde, hélas ! dans une foule

(1) Act., xvii, 27.
(2) Rom., i, 25.
(3) Ibid. 26.

d'âmes où ne pénètrent point les rayons du Calvaire. Quels ravages le mal ne produit-il pas, de nos jours encore, dans les intelligences égarées ! Tandis qu'elles sont en travail pour comprendre la créature, pour dérober à l'univers quelques-uns de ses secrets, elles refusent d'écouter la grande parole que cet univers a mission de proclamer ; elles n'entendent pas le nom sublime chanté dans les espaces par son immense voix, ce nom que connaissent et adorent les simples au cœur droit ; elles ne veulent pas s'incliner devant le Créateur.

On dirait que, depuis un siècle surtout, le grand effort de l'esprit humain a tendu, de plus en plus, à écarter la divinité des horizons intellectuels. Quels efforts gigantesques, étranges, n'ont pas fait les savants impies, modernes titans, en vue de détrôner Dieu ? Pour se dispenser de saluer le Créateur à l'origine des choses, ils saluent, d'autant plus bruyamment, les forces mêmes de la nature, sans en expliquer du reste ni l'apparition dans ce monde, ni ce mouvement progressif qui, d'après eux, tire le parfait de l'imparfait, le conscient de l'inconscient, c'est-à-dire l'être du néant, miracle autrement étrange et autrement incroyable que le miracle de la création. Toutes ces activités, admirées par eux dans les êtres, qui donc en a déposé le principe au sein de la nature ? Qui leur a imprimé une direction déterminée ? Qui les a mises d'accord, dans leur infinie diversité, et maintient entre elles une parfaite harmonie ? Sans doute, aux yeux du bon sens, l'existence du mouvement témoigne d'un premier moteur, et l'ordre sagement établi révèle un ordonnateur, et les intentions prises sur le fait, les finalités en voie d'exécution, attestent un plan conçu et une intelligence supérieure à l'œuvre : mais voulant par dessus tout échapper au Créateur, la « sagesse des impies » est sortie de la lumière commune. Dieu l'offusque, Dieu la gêne. Elle profite donc de ce que Dieu veut être cherché, pour affecter de ne pas le rencontrer. Vraiment la raison humaine « s'est évanouie dans ses pensées » ; par excès d'orgueil elle est devenue déraison (1) ?

Mais il n'est pas dans l'ordre que l'esprit humain prétende se désintéresser de la grande et capitale question, et que le Créateur puisse être traité par lui comme un inconnu.

Adam coupable se cacha dans le paradis terrestre pour ne pas voir le Dieu qu'il avait offensé. Or, il eut beau fuir ; jusqu'à lui parvint la voix du Créateur : Adam où es-tu ? Et nos impies modernes, par peur aussi sans doute, et plus encore peut-être par amour de l'indépendance, craignant de rencontrer l'œil de la divinité, combattent l'idée vraie de Dieu en leurs raisonnements coupables. Mais leurs efforts n'aboutissent pas ; à toutes les avenues de la pensée humaine ils voient, un jour ou l'autre, apparaître ce qu'ils redoutent, l'image plus ou moins nette du Créateur, dont le regard est terrible à ceux qui le fuient comme il est doux à ceux qui le cherchent. Ils ne sont pas sincères, quand ils prétendent ne l'avoir jamais rencontrée.

*
* *

Voilà quel usage font les hommes de leur intelligence. Ils se perdent dans leurs raisonnements, « résistant à la vérité, apprenant toujours, et n'arrivant jamais à la science de la vérité (2) ». Le Verbe de Dieu est dans ce monde, et le monde ne le connaît pas. Oh ! que ce crime est lourd à l'humanité, vraiment « inexcusable », comme dit saint Paul ! C'est la grande prévarication humaine, qui devrait nous faire rougir de honte et trem-

(1) Heu ! primæ scelerum causæ mortalibus ægris
    Naturam nescire deum.

                Sil. Italicus, Bell. pun. **IV.**

(2) II Tim., III, 7, 8.

bler de peur. C'est la défaillance la plus lamentable de la raison, faite pour la notion du divin, et dont le premier besoin devrait être de porter l'homme vers Dieu d'un élan joyeux et fort. Dieu la laisse s'égarer dans ses tristes erreurs : c'est le châtiment de son orgueil. « Je perdrai la sagesse des sages, et je réprouverai la prudence des prudents. Où est le sage ? où le savant ? où l'ardent explorateur de l'univers ? Dieu n'a-t-il pas frappé de folie la sagesse de ce monde ? (1) »

Oui, elle est vraiment prise de vertige, cette pauvre raison humaine, si tristement blessée et ne voulant pas reconnaître son mal. Ne voyons-nous pas comme elle se trouble ? Pour avoir fermé les yeux à la grande vérité, voici qu'elle ne connaît plus la marque de la vérité. Elle perd confiance en sa propre lumière ; elle ne sait plus sur quelle base édifier ses connaissances ; dans ce désarroi enfin, nous l'entendons, elle qui est faite pour savoir, dire à la certitude un adieu poignant ou résigné, et par l'aberration la plus étrange, proclamer le scepticisme comme la sagesse idéale. Voilà où elle en est arrivée : elle aime mieux douter d'elle-même qu'affirmer « le Dieu béni dans tous les siècles ».

Sagesse du monde, folie devant Dieu. « Le Seigneur connaît les pensées des sages, et qu'elles sont vanité. Il a pris les sages dans leur propre astuce (2). »

Si donc la raison humaine est égarée et affaiblie par l'orgueil, le salut doit être pour elle dans l'humilité. Et c'est vraiment l'attitude qui lui convient vis-à-vis de Dieu. Qu'est-elle, en présence de l'Infini ? Si elle consent à se connaître telle qu'elle est, comme elle se voit de petite envergure et vite arrêtée dans ses élans ! Plus elle sait, mieux elle comprend son ignorance et sa faiblesse. De l'aveu des savants les plus distingués, la vraie science est maîtresse d'humilité dans les âmes loyales, soit parce

(1) I Cor., I, 20.
(2) I Cor., III, 18.

qu'elle saisit d'une façon expérimentale au prix de quelles précautions laborieuses l'homme entre en possession de la vérité, soit surtout parce qu'à mesure que s'élargit le cercle de nos connaissances, nous avons plus de points de contact avec l'inconnu, dont nous apparaît mieux le domaine aux étendues infinies. L'humilité intellectuelle est la vertu des grands esprits. Elle doit être surtout la vertu du chrétien. Que notre raison n'hésite pas à s'incliner devant le Dieu qui daigne lui venir en aide. Faible, faillible, qu'elle se tourne vers cette sagesse plus haute qui a tant de droits à sa confiance. Qu'elle se laisse guider par la foi, laquelle « commence, a dit Lamennais, où l'orgueil finit », et qu'elle s'attache, docile, à la parole divine. « Se déclarant folie, elle deviendra vraie sagesse. » Car « le monde n'ayant pas voulu connaître Dieu par la sagesse, c'est-à-dire par un bon usage de la raison, il a plu à Dieu de le sauver par la folie de la prédication, par le Christ crucifié, scandale pour les Juifs, folie pour les gentils, mais vertu de Dieu et sagesse pour ceux qui sont sauvés. »

Ainsi, montant à la vérité par l'humilité, c'est-à-dire par la mortification, l'intelligence humaine reçoit avec confiance la parole du Père qui daigne l'instruire. Elle retrouve, près de lui, un remède à sa blessure originelle. En même temps, rassurée par l'appui de la foi, sentant bien, en son filial abandon, que ses clartés rationnelles sont aussi le don du Père, elle a plus de confiance en elle-même et se sauve du scepticisme. Elle se sent « fille de la lumière (1) », investie de vérité, de cette vérité qui délivre (2). Elle « connaît le seul vrai Dieu et celui qu'il a envoyé, Jésus-Christ (3), et c'est pour elle le bien suprême, car elle va ainsi vers la vie éternelle », heu-

(1) I Thes., v, 5.
(2) Joan., viii, 32.
(3) Joan., xvii, 3.

reuse déjà d'apercevoir, dans une lointaine, mais ravissante perspective, les clartés futures de la céleste vision.

III

Depuis la révolte dont elle s'est rendue coupable dans l'Eden, et en raison même de l'inclination désordonnée qui lui est restée de cette révolte, la volonté humaine demeure toujours livrée à la grande tentation, qui est de se déclarer indépendante. « Je ne servirai pas », dit-elle un jour, se dressant, à l'imitation et à l'instigation de l'ange rebelle, en face de son Créateur et souverain maître. Frappée alors pour cette insulte, mais non domptée, elle a continué de frémir sous le joug ; et c'est bien dans tous les temps, depuis le commencement jusqu'à nos jours, qu'on l'a vue indocile, impatiente, toujours disposée à suivre son caprice et refusant de s'engager vis-à-vis d'une autorité supérieure.

Sans doute il y eut, parmi les peuples primitifs, une certaine portion de l'humanité dans laquelle Dieu voulut préserver des derniers excès cet esprit d'indépendance. « Je suis le Seigneur », disait-il sans cesse à la race d'élection. « Servez le Seigneur », répétaient les chefs religieux, transmettant au peuple hébreu les volontés du Très Haut. Que voulait Dieu, sinon inculquer aux hommes l'idée et le sentiment de leur dépendance ? Dans les lois divinement données, dans l'impression que devaient produire sur la multitude les institutions, les prières, les chants sacrés, les châtiments, les récompenses, les ordres célestes, les faits providentiels, tout tendait à mettre en relief l'autorité souveraine du Créateur et la dépendance de la créature. Cette idée, forte et simple comme il convenait qu'elle fût pour saisir toute une race, fait tout le fond de la religion de l'Ancien Testament ; et c'est bien, semble-t-il, pour la maintenir au cœur de l'humanité que Dieu a dirigé le peuple saint avec cette providence singulière dont les livres sacrés nous racontent l'histoire.

Mais dans la masse humaine répandue sur la face de la terre, quel oubli général des droits de Dieu ! S'il était impossible d'écarter totalement le souvenir de la divinité — tant cette idée s'impose — au milieu des superstitions et des paganismes, où tout était Dieu excepté le Dieu qui commande aux volontés humaines et veut en être sincèrement obéi, comme ils étaient rares les hommes prêts à servir, avec sincérité et désintéressement, le bien, la vertu, l'ordre, la divine volonté enfin !

Oui, ce fut toujours, et c'est encore la grande tentation. L'homme essaye tous les moyens, s'attache à toutes les doctrines, même les plus insensées, pour arriver à se proclamer maître de lui-même. Et ne faut-il point voir une variété de ces coupables tendances, variété plus raffinée et moins franche que d'autres, dans ces théories modernes des morales sans Dieu, où il est affirmé que le devoir ne sort point d'autre source que de la conscience humaine, au-delà de laquelle il serait inutile, et du reste impossible, d'en remonter le cours ?

Ainsi la volonté de l'homme, ou, si l'on veut, sa conscience, serait souveraine régulatrice du devoir ? Et ce qui déciderait donc de la nature du bien et des obligations morales, ce serait, en chaque individu, son jugement propre, lequel prononcerait sans appel possible ; et ce serait, dans la société, la masse des volontés humaines, qui vaudrait par son poids, et s'imposerait brutalement comme étant le seul principe du droit ?

Non : de quelque manière que l'homme tente de couper les communications qui lient sa conscience à son Créateur, il se rend coupable d'une criminelle prévarication. Son lot de nature est d'obéir à des lois qui le dominent, et qui sont non point créées, mais seulement reconnues et interprétées par sa conscience. Il est un être dépendant.

C'est du reste ruiner le devoir que le renfermer tout entier dans je ne sais quelles propensions subjectives, aveugles, inexpliquées, sans l'appuyer sur des bases assez solides, assez augustes et assez saintes. Car enfin si la loi morale tire toute sa force de ma conscience, et par conséquent de moi-même, comment dès lors vaudrait-elle plus que les désirs intimes auxquels elle s'oppose. Si je ne dépends que de moi-même, qu'on me prouve que je dois écouter ma conscience et que je ne puis pas suivre mes caprices? Est-ce que ma volonté ne peut pas rejeter le joug de la conscience? Et c'est en vain qu'alors la conscience protestera, puisqu'aucune autorité supérieure n'intervient pour décider le droit et contenir la force?

Mais, prétend-on, la conscience impose sa direction; elle a des cris qui ne peuvent être étouffés, et il faut bien qu'elle finisse par triompher... Oh! non : la conscience n'a pas assez d'empire pour s'assurer la victoire; il y a des scélérats qui parviennent à ne plus se laisser troubler par cette voix intérieure, ou même à la réduire au silence : et oserait-on dire que ceux-là sont en règle avec le devoir et la morale? Faible barrière, en vérité, opposée à nos appétits inférieurs, que celle qui n'aurait aucun point d'attache hors de nos mouvantes existences !

Non, la voix de la conscience n'est qu'un écho. De même que notre raison voit clairement, dans les lois qui régissent l'univers matériel, la marque d'un ordonnateur suprème, elle peut aussi, et elle doit apercevoir, se révélant par les lois du monde moral et faisant entendre sa voix dans la conscience humaine, un législateur souverain de l'ordre moral.

La foi chrétienne nous avertit, avec une force singulière, de la présence, des droits de ce législateur et maître. Elle nous donne l'intime et efficace conviction de notre dépendance. Elle montre, dominant notre volonté et présidant à la moralité de nos actes, une volonté supérieure,

non point arbitraire, mais sage infiniment, expression
de la vérité, de l'ordre, du bien, c'est-à-dire de la perfection souveraine, de l'être divin. Dans le style chrétien,
qui répond à la réalité des choses, Dieu s'identifie avec
la loi morale. Il se déclare lui-même personnellement
blessé si nous commettons le mal, sous son regard : tel
est le langage de toute l'Ecriture. Agir contre notre
conscience, c'est vraiment agir contre Dieu, lequel nous
apparaît toujours comme nous traçant lui-même le chemin du devoir.

Chrétiens, nous avons et nous gardons en nous ce que
saint Pierre appelle la « conscience de Dieu (1) », c'est-à-
dire une conscience qui est un sanctuaire intérieur où
Dieu se fait entendre. En beaucoup d'âmes, hélas ! des
doctrines perverses ont laïcisé ce sanctuaire, dont elles
ont chassé la divinité ; et depuis lors des bruits faibles et
indécis y ont remplacé la majesté des oracles. Et parce
que le son de la trompette est incertain, nul ne se prépare à la bataille (2), au saint combat de la vie morale.

L'obligation qui domine toutes les autres, pour la
volonté humaine, c'est donc bien celle de se maintenir
dans l'attitude de la dépendance vis-à-vis de Dieu, attitude
du serviteur, ou plutôt du fils soumis qui, sitôt connus
les ordres paternels, accepte sans contestation ni hésita-
tion la charge du devoir présent. Et il faut donc que la
volonté se façonne à la discipline de l'obéissance, la dis-
position à obéir étant pour elle le devoir capital ; il faut
qu'elle se force elle-même si la soumission lui répugne,
qu'elle s'assouplisse si elle a trop le goût de l'indépendance. Rien n'est plus raisonnable, ni plus conforme à
sa situation vraie, puisque nous dépendons de Dieu,
notre principe et notre fin. « Nous sommes libres, non
pour faire de notre liberté un voile qui cache notre ma-
lice, mais comme serviteurs de Dieu (3). »

(1) I Petr., ii, 19,
(2, I Cor., xiv, 8.
(3) I Petr., ii, 16.

*
* *

Forcer ainsi, par la mortification chrétienne, notre volonté à prendre l'attitude de la dépendance, ce n'est pas en amoindrir, c'est au contraire en féconder l'action.

Si, en effet, la volonté est une puissance de l'âme dont l'office est de donner librement l'impulsion et la direction à nos actes humains, et s'il faut, par conséquent, qu'elle soit libre, forte et autoritaire, c'est vraiment le péché qui la perd et c'est la grâce qui la sauve. Atteinte par les conséquences du péché originel dans sa liberté, dans sa vigueur et dans son autorité, elle est secourue par la vie surnaturelle : la mortification l'aide à garder des prérogatives qu'elle sait mal défendre elle-même, et la rend plus libre, plus forte, plus apte à commander les activités humaines.

Observons de près ce triple effet.

L'homme se croit libre, et se glorifie de l'être, et il l'est en effet, mais d'une liberté diminuée. Car le péché l'a blessé dans son libre arbitre ; et si cette faculté subsiste encore, assez entière pour que l'homme demeure maître et responsable de ses actes, elle est cependant restée « inclinée (1) ». De plus, il n'est que trop ordinaire que chaque individu, par des fautes personnelles, incline encore davantage vers le mal son vouloir naturellement affaibli. Se laissant vaincre par les passions, il devient esclave des passions, puisque les passions, dit saint Pierre, « en promettant la liberté rendent au contraire esclave de la corruption ; qui a été vaincu, en effet, devient esclave de son vainqueur (2) ».

Et ce ne serait point, certes, supprimer le mal, ce serait l'aggraver au contraire que se proclamer indépendant pour prouver qu'on est libre, comme le font quel-

(1) Concile de Trente, Sess. vi, c. 1.
(2) II Petr., ii, 19.

ques-uns, puisque l'indépendance est tout autre chose que la liberté, et que confondre ces deux notions c'est se tromper d'une façon grossière si ce n'est pas se mentir à soi-même. Le régime de la mortification nous affranchit des convoitises, tant de celles dont la nature viciée met en tous le germe mauvais, que de celles dont la servitude nous est imposée par nos fautes personnelles. Nous affranchissant des passions, elle augmente en nous la vraie liberté de l'âme, dont il est dit : « Si le Fils de Dieu vous délivre, alors vous serez vraiment libres (1) » liberté qui rend indépendant non point du devoir — celle-là est une liberté de contrebande — mais des obstacles par lesquels la volonté serait empêchée d'atteindre sa fin et son vrai bien.

Libre, la volonté a aussi besoin d'être forte. Il lui appartient, en effet, de mettre en branle, d'entraîner, de gouverner nos activités humaines. Mais nous ne pouvons ignorer que dans la nature déchue le libre arbitre est « affaibli » (2) en même temps qu'incliné. La longue expérience de l'humanité et la connaissance de notre propre nature nous donnent du reste de ce fait une conviction très assurée. Quoi de plus commun que d'entendre des plaintes sur l'affaissement des caractères, sur le manque d'énergie en face du désordre à combattre ou du bien à entreprendre ? Le mal n'est point nouveau ; toujours s'est fait entendre l'immense concert de ceux qui ont déploré la triste et vraiment étrange faiblesse des volontés humaines. Or, de quelle manière faut-il traiter ces pauvres volontés débiles pour leur donner quelque vigueur, sinon par la mortification et le sacrifice ? Car le sacrifice met en jeu les énergies. Le sacrifice exige la compression et l'effort : la compression, dont l'effet est de tendre les ressorts de l'âme ; l'effort, qui développe l'activité. Exercice salutaire qui fait le tempérament solide et vi-

(1) Joan., viii, 36.
(2) Concile de Trente, Sess. vi, c. 1.

goureux, d'autant plus fécond que les vertus infuses, opérant alors concurremment avec notre volonté, et les grâces actuelles spécialement appropriées à nos besoins par la Providence surnaturelle de Dieu, ajoutent à notre force propre l'appoint du secours divin et de forces supérieures.

Il importe enfin que la volonté, libre et forte, possède la maîtrise sur nos puissances et qu'elle dirige effectivement nos activités, comme l'y oblige sa propre fonction. Or, ce n'est point en répétant le cri de sa révolte : « Je ne servirai pas », ce n'est point en cédant à l'éternelle tentation d'indépendance qu'elle se formera à gouverner. Bien au contraire. De ses révoltes, de ses proclamations d'indépendance, seules les passions peuvent profiter. Quand la volonté dit : « Je ne servirai pas », c'est réellement à l'instigation et pour le compte des passions, et non point pour son propre avantage. A refuser l'obéissance aux ordres supérieurs, elle perd elle-même toute autorité. L'anarchie alors se produit sous elle ; les rênes lui échappent, elle ne contient plus les instincts ameutés, et elle devient leur servante. Quel moyen sûr a-t-elle de garder la maîtrise qui lui appartient, sinon de faire prévaloir l'ordre tout d'abord en se soumettant elle-même au devoir ? Elle pourra ensuite réprimer toutes les révoltes qui seraient tentées contre ses droits légitimes, en domptant, et en châtiant au besoin, les appétits inférieurs. Et c'est proprement faire l'œuvre de la mortification, exigée par la vie surnaturelle.

Il est donc établi que les intérêts mêmes de notre volonté nous engagent à lui appliquer à elle-même la règle sainte et salutaire de la mortification chrétienne. C'est en la forçant à rester dans la dépendance, soumise parfaitement à la volonté du Créateur, que nous la rendrons ou la garderons apte à remplir en notre vie son rôle glorieux et fécond.

IV

« Écoute, Israël. Le Seigneur notre Dieu est le seul et unique Seigneur. Tu aimeras le Seigneur ton Dieu de tout cœur, de toute ton âme, de toutes tes forces.

» Et ces paroles, par lesquelles je te donne aujourd'hui mon précepte, demeureront dans ton cœur.

» Tu les raconteras à tes fils ; tu les méditeras assis dans ta demeure aussi bien qu'étant en voyage, à ton coucher comme à ton réveil.

» Tu les fixeras comme un sceau sur ta main ; elles seront toujours présentes à ton regard.

» Tu les inscriras aux entrées de ta maison (1). »

Telle est la formule du grand précepte, dont le Deutéronome nous a transmis le texte sacré. Langage solennel, digne de la majesté et de l'importance des ordres divins qui en sont l'objet.

Adressées à l'humanité de l'ancienne alliance, ces paroles ont été redites par le Médiateur du Nouveau Testament. On demandait un jour à Jésus quel est le grand commandement de la loi. Et le Maître, ayant cité la divine formule, ajouta cette réflexion : « C'est le plus grand, c'est le principal commandement. »

La volonté de Dieu nous est donc bien connue : ce qu'il demande surtout à l'homme, c'est son amour. Et il est bien juste en effet que le cœur de l'homme ait un amour souverain pour ce qui est souverainement aimable. Aucun bien n'est comparable à l'auteur de tous les biens. Nulle beauté ne saurait égaler la source de la beauté. Quelle bonté a droit à notre reconnaissance autant que celle qui nous a tout donné ? Et quelle amitié peut valoir l'amitié de Celui qui a mis

(1) *Deut.*, vi, 4-9.

dans nos cœurs le besoin de l'amitié et dont saint Jean a dit : « Dieu est charité ? »

Le cœur humain, du reste, ne s'élance-t-il pas de lui-même vers cet objet aux attraits infinis ? Pourvu que l'homme ait une droite idée de l'Être parfait, son Créateur, comment ne serait-il pas aussitôt averti, par ses voix intérieures, du premier de ses devoirs, et n'éprouverait-il pas le besoin d'aimer Celui de qui vient tout l'être qu'il possède ? Comment ne serait-il pas emporté, par de profondes et vives aspirations, vers l'objet qui lui apparaît comme le souverain bien, la suprême perfection, la plénitude de l'Être ?

Aimer Dieu en proportion des titres que nous lui connaissons à notre amour, c'est-à-dire par-dessus toutes choses, c'est donc l'ordre même. Malheureusement, l'ordre a été troublé dans le cœur de l'homme, comme en son esprit, comme en sa volonté : et au-dessous des élans qui portent son âme vers la vraie Beauté, il sent d'autres inclinations qui attirent son cœur en bas, vers des objets bien différents. Qu'il s'y laisse aller, et ses affections, s'éloignant du Créateur, se portent sur la créature. Et une fois brisée la chaîne d'or qui doit le relier à Dieu, de quels égarements le cœur humain n'est-il pas capable ! Est-il besoin d'exposer jusqu'à quelles amours il peut se ravaler !

La seule chose qu'alors il recherche, c'est la satisfaction de son égoïsme effréné. Car il aime moins l'objet de ses basses affections, qu'il n'aime son plaisir, auquel il sacrifie tout. Bien qu'il soit fait pour la générosité, il se réserve, alors même qu'il paraît se livrer. Il ne donne en réalité rien de lui-même, rien de son cœur ; son amour ne va vers des objets étrangers que pour se replier sur soi et se repaître de satisfactions dont l'aliment est apporté du dehors. Et c'est donc l'égoïsme, vrai stimulant des affections malsaines, qui est le grand péril du cœur humain.

Or, quand les affections de l'homme ont bouleversé

leur cours régulier, le désordre est forcément dans la vie entière, laquelle va dans le sens où la mènent nos affections. Où est le cœur, là est le trésor ; toutes nos puissances suivent le cœur, qui les entraîne ; elles s'égarent donc à sa suite quand il s'égare lui-même. Comme on voit souvent, au foyer domestique, la femme, dont le rôle est de suivre et d'obéir, exercer cependant une influence prédominante par l'insinuante puissance de son action continue, ainsi, dans l'intérieur de nos vies, ce n'est point la raison qui, d'ordinaire, a l'autorité prépondérante : par sa force pénétrante, diffusive, complexe, irrésistible, le cœur impose la direction à la raison et à la volonté ; et l'on voit, de fait, l'esprit et le libre arbitre incliner, ou non, vers la vérité et vers la vertu, suivant que le cœur, vrai chef de parti en nos activités, s'est mis, ouvertement ou secrètement, soit du parti du vrai et du bien, soit du parti de l'erreur et du mal.

Puis donc que nos affections sont dues à Dieu, et que la direction qu'elles prennent est de si grande conséquence, on voit combien il importe de les contenir et de les gouverner, par conséquent de les soumettre, elles aussi, au régime de la mortification.

.
. .

Il s'en faut, du reste, que la vie surnaturelle tende à détruire notre faculté d'aimer. Nous la tenons de Dieu. C'est par elle que nous sommes liés à ce qui nous entoure ; elle est le moyen providentiel qui fixe notre vie en son milieu par des attaches multiples et bienfaisantes. Mais puisque le précepte de l'amour de Dieu détermine l'orientation que doit avoir notre vie, il faut bien que toutes nos affections soient subordonnées à cet amour dominateur : et assurer cet ordre en nos affections est l'œuvre de la mortification du cœur. Il s'agit donc non de supprimer, mais de régler. Sans doute, il devient nécessaire parfois d'opérer des suppressions violentes, car ce qui est fatalement nuisible à la vie, et inutilisable, doit être détruit : mais la mortification a plutôt pour office propre de contenir et d'ordonner.

Pourvu que le grand fleuve de l'amour de Dieu arrose et féconde notre vie, il y a place aussi pour une multitude de ruisseaux et de canaux, je veux dire de sympathies, d'affections, de sentiments : il est seulement exigé que tous soient dépendants du cours principal, et s'y rattachent comme dérivés ou comme affluents. L'ordre est sauf, tant que nos sentiments, si divers et si nombreux soient-ils, demeurent tributaires de l'amour de Dieu.

Il se trouve même qu'en ordonnant les affections du cœur, en les maintenant sous la règle nécessaire du « plus grand commandement », bien loin de les tarir, la vie surnaturelle les féconde. C'est ce que font éclater aux yeux, par exemple, tant de prodiges de bonté qui ont jailli, dans la suite des âges, et jaillissent encore du cœur du christianisme ; charité vis-à-vis des souffrants, des pauvres, des pécheurs, des infidèles, des ignorants ; tendresse et support dans les relations familiales ; dévouements pour tous les besoins sociaux. Toutes les générosités, toutes les abnégations, toutes les délicatesses éclosent, saintes fleurs de la grâce, sur les rives de nos affections, pourvu qu'elles reçoivent les influences du grand fleuve bienfaisant, et qu'elles restent, en leurs souples et multiples replis, sous la dépendance du Bien suprême et de la souveraine Bonté.

Et dans cette hiérarchie de nos affections, où toutes demeurent sous la dépendance de l'amour de Dieu, le cœur trouve aussi une plénitude qui, autrement, lui serait inconnue. Car « l'homme est fait pour l'infinité » : ce qui est borné ne peut suffire à l'immensité de ses désirs. « Les yeux ne sont jamais satisfaits par ce qu'ils

voient, ni les oreilles par ce qu'elles entendent (1). »
Accablé de satisfactions terrestres, le cœur humain ne
cesse de crier : « Encore, encore ! (2). » Toutes les sen-
sations rares qu'il lui est possible de connaître au milieu des civilisations les plus raffinées, en ses recherches
inquiètes, maladives, avides, ne parviennent pas à le
remplir : elles creusent le vide au contraire, où Dieu
avait marqué la place de son amour. Et sans cet amour
notre cœur ressemble « à des citernes crevassées qui
sont incapables de contenir les eaux (3). »

En même temps les influences de la charité divine
gardent la vivacité, la fraîcheur de nos affections. On
ne voit que trop souvent le cœur humain se lasser et se
dessécher, au contact des aridités, des oublis, des in-
constances de ce monde. Et à mesure qu'il se ferme aux
objets extérieurs, il ramasse en lui-même ses affections,
comme un fleuve épuisé ramène ses eaux mourantes :
il devient plus égoïste. Mais l'amour de Dieu a des eaux
perpétuellement vives et pures, qui alimentent et ra-
jeunissent toutes nos légitimes affections.

L'instabilité est également le sort des sympathies
humaines. Par lui-même, « l'homme est un amas de
choses contraires. Il n'établit rien qu'il ne renverse, et
il détruit lui-même tous ses sentiments (4) ». A aimer
Dieu par dessus toutes choses, le cœur devient plus
fidèle : le cours de cet amour principal, ayant une direction constante et toujours pareille, retient les affections qui s'y rattachent, et leur donne de la fixité.

Enfin, par la garde vigilante qu'elle exerce dans notre
cœur, la mortification lui assure le repos. Dieu nous a
faits pour lui, et tout âme est inquiète jusqu'à ce qu'elle
se repose en lui. Se laisser aller aux fascinations de la

(1) Eccl i, 8.
(2) Prov. xxx, 15.
(3) Jér. ii, 13.
(4) Bossuet, 2e sermon pour le Vendredi-Saint.

créature qui ne satisfont jamais, se heurter sans cesse aux limites des insuffisantes réalités de ce monde, c'est pour notre cœur une cause perpétuelle de froissements et de meurtrissures. Car tout conspire à tromper ses espoirs : le monde, les plaisirs, les richesses, la gloire, les honneurs, les amitiés même. Les déceptions accourent à lui de tout côté ; dans l'universelle faillite, il est en proie aux agitations stériles. Le repos est dans l'ordre, et l'ordre veut que Dieu règne en nos cœurs. Nous ne jouissons en paix de nos affections que lorsque le cours en est réglé par l'amour régulateur du souverain Bien.

Reconnaissons donc que gouverner, c'est-à-dire mortifier autant qu'il est nécessaire, nos affections, c'est sauver notre cœur, puisque c'est donner à nos sentiments la fécondité, la plénitude, la vie, la stabilité, le repos.

La Madeleine de l'Evangile avait laissé son cœur s'égarer follement aux appels d'un monde trompeur ; mais elle vint un jour trouver Jésus : aux pieds du Maître, elle brisa son vase de parfum, et à partir de cet instant elle se fixa dans un amour pur, fort, généreux, béatifiant. Qu'aux pieds du Rédempteur aussi le chrétien apporte son vase de parfum, c'est-à-dire son cœur, et qu'il ne craigne pas d'en répandre la liqueur devant le Maître en brisant, s'il le faut, ce vase de grand prix. Ce n'est point perdre son cœur que de sacrifier ce qui doit être en lui sacrifié. La parole divine reste vraie : « Celui qui semble perdre son âme la trouve (1) ». Si nous privons peut-être notre cœur de certaines satisfactions superficielles et courtes, bien plus apparentes que réelles, comme il est doux de penser que cette monnaie du sacrifice achète la « perle précieuse ! » Nous en avons la parfaite certitude, « la légère tribulation d'un moment nous assure un poids immense de gloire (2) » ; « le cœur de l'homme n'a jamais imaginé ce que Dieu a préparé à ceux qui l'aiment (3) ».

(1) Math., x, 39.
(2) II Cor., iv, 17.
(3) I Cor., n, 9.

CONCLUSION

La mortification est la lutte nécessaire par laquelle nous devons défendre les intérêts supérieurs de l'âme et préserver en nous la vie surnaturelle des dangers qui la menacent. Elle atteint ce but par la discipline qu'elle impose à toutes les puissances de notre nature, en réprimant les inclinations contraires au bien total de l'homme et du chrétien, en soumettant le corps à l'âme, et l'esprit de l'homme à l'Esprit de Dieu : son office propre est donc de maintenir l'ordre en nos activités, dirigées vers le bien supérieur.

Le devoir de la mortification ne résulte pas uniquement de la volonté positive du Christ, lequel en a très formellement promulgué la loi et en a imprégné toute sa divine morale. Il a son fondement dans la nature même des choses, qui réclame la subordination de l'inférieur au supérieur, du moins bon au meilleur ; et il est donc imposé, à certain degré, même par la morale naturelle. Mais ce qui surtout le rend obligatoire et pressant, ce qui fait le mieux sentir en nous le besoin d'une discipline sévère et le régime de la vigueur, c'est que nos diverses activités, atteintes par le péché originel, gardent une tendance au désordre. Aussi doit-on regarder la mortification non point comme une pratique facultative, mais comme un exercice exigé par les nécessités de la vie chrétienne. Et c'est sans doute parce que le sacrifice est une condition indispensable du vrai christianisme que tant de défections se produisent dans les rangs de la jeunesse, à cet âge des multiples séductions où le plaisir est réclamé comme un droit, où on

a peur de ce qui est effort et privation, et où, par
conséquent, les indécis, aux demi-résolutions, ne peuvent
persévérer à vivre dans le Christ.

La mortification exerce d'ailleurs sa discipline salutaire avec des procédés différents, suivant qu'elle doit
réprimer les révoltes de la chair ou les insoumissions
de l'esprit. A la chair, il faut qu'elle impose de force
l'obéissance, car dans l'état présent, restant toujours
« chair de péché (1) » par suite de la tare originelle,
non seulement « la chair n'est pas, de fait, soumise à
la loi de Dieu, mais elle ne peut même pas l'être (2) ».
De là, pour le chrétien, l'obligation « de la châtier, de
la réduire en servitude (3) », comme parle saint Paul.
Les puissances de l'âme, au contraire, peuvent et doivent
accepter l'ordre : aussi faut-il les amener à se soumettre
d'un mouvement qui leur soit propre, à s'humilier, à
rester dans la dépendance, à se déprendre de l'égoïsme.
Ainsi la mortification chrétienne dompte la chair et
traite avec l'esprit. Autant elle veille en ce qu'en nous
la partie animale n'agisse point de façon animale,
autant elle exige que l'homme agisse en homme, selon
l'énergie bien réglée de ses facultés les plus hautes. Elle
tend à subjuguer les passions sensuelles; mais elle solli-
cite et entraîne l'intelligence, la volonté, le cœur. Par elle
l'animalité est traitée en fauve, et l'humanité en alliée.

Mais de quelque manière qu'elle commande au corps
ou à l'âme, la mortification n'en est point l'ennemie.
Elle ne poursuit ni la destruction ni même l'amoindris-
sement de notre nature ; elle ne s'oppose nullement à
l'épanouissement véritable de nos vitalités : c'est un
effet tout contraire qui doit résulter et qui résulte véritablement de son action, vraiment libératrice et bienfaisante. Elle sert éminemment la cause de la vie

----

(1) Rom., viii, 3.
(2) Rom., viii, 7.
(3) I Cor., ix, 27.

quand elle la comprime, c'est pour en tendre les meilleurs ressorts ; en réalité, elle l'exalte, en la conservant dans les conditions les plus favorables à son développement, en accroissant ses moyens de vivre. Elle est bienfaitrice de la raison, qu'elle tient sous la tutelle d'une raison plus élevée : bienfaitrice de la volonté dont elle assure l'autorité tout en la maintenant dans la dépendance ; bienfaitrice du cœur qu'elle préserve de l'égoïsme et dont elle fortifie et purifie les affections ; bienfaitrice de la chair elle-même, qu'elle prépare à la gloire de la résurrection. Qu'on ne l'accuse donc pas d'exercer des ravages dans la nature humaine ; elle n'y est que la bonne ouvrière de la vie surnaturelle.

Si le mot par lequel on la désigne, « mortification », évoque une idée de mort, c'est bien qu'en effet elle doit immoler quelque chose en nous ; mais que sacrifie-t-elle ? nos vices et nos convoitises, non l'essor légitime et vraiment utile de nos puissances. Et c'est tout profit pour la nature elle-même, laquelle, dans l'ordre établi par Dieu, a partie liée avec la grâce. Et ainsi ce qui est bon au point de vue surnaturel est sain à la nature, alors même que la nature se plaint des rigueurs de l'hygiène morale à laquelle le christianisme la soumet.

Et nous devons donc avoir en très haute estime la mortification qui contribue si efficacement à réaliser la grande loi de vitalité chrétienne : « Ce n'est pas moi qui vis, c'est le Christ qui vit en moi (1) », et qui, faisant triompher en nous les activités supérieures, naturelles ou surnaturelles, sur les éléments inférieurs, permet à la vie divine, dont nous portons le germe, de se développer en sûreté jusqu'à son complet épanouissement dans la gloire du ciel.

(1) Gal. ii, 20.

OUVRAGES A CONSULTER

Fourier : OEuvres. Théorie des quatre mouvements ; théorie de l'association universelle ; etc.

Reybaud : Etudes sur les réformateurs.

E. Hœckel : Les énigmes de l'Univers.

Farges : La liberté et le devoir.

Caro : Le pessimisme.

Hurrell Mallock : Vivre !

Fouillée : Critique des systèmes de morale contemporaine.

Ravaisson : La philosophie en France au XIXe siècle.

Ollé-Laprune : Le Prix de la vie.

Fonsegrive : Essai sur le libre arbitre ; le Catholicisme et la vie de l'esprit, etc.

D'Hulst : Les fondements de la morale.
Etudes sur le péché originel : Clergé français, 15 septembre 1897 ; 1er février 1899, etc., 15 août 1899.

Gay : De la vie et des vertus chrétiennes, t. II.

Pauvert : La nature et la grâce.

Monsabré : Passim.

De Broglie : La morale sans Dieu.

Guillermon : La vie chrétienne, ses principes, sa pratique.

Nicolas : Etudes philosophiques sur le christianisme, t. II.

Bougaud : Le Christianisme et les temps présents.

Bossuet : Sermon pour la fête de tous les Saints.

TABLE DES MATIÈRES

CHAPITRE III

LA MORTIFICATION DES FACULTÉS DE L'AME

Saint-Amand (Cher). — Imprimerie BUSSIÈRE.

www.ingramcontent.com/pod-product-compliance
Lightning Source LLC
Chambersburg PA
CBHW051126050726
47594CB00003B/970